HSU WAYS TO MAKE YOUR YOUTH MORE MEANINGFUL

幸福の科学「大学シリーズ」24

青春マネジメント

若き日の帝王学入門

大川隆法
Ryuho Okawa

※幸福の科学大学（仮称）は、2015年開学に向けて設置認可申請中です。
構想内容については、変更する場合があります。

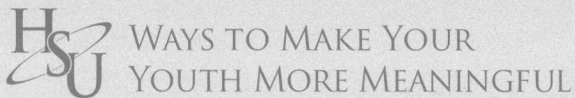

まえがき

『青春マネジメント』―若き日の帝王学入門―と大きく出たので、看板倒れの内容になるかもと、内心ビクビクしている。

主として信者子弟が大学生活を送るにあたっての心構えや、将来の職業を構想するヒントになればと思って語り下ろした内容である。

私の学生時代や若手社員時代の経験がヒントになっているので、理論的にまともなところと、少々ズッコケているところの両方がある。ただ総じていえば、私自身志《こころざし》だけは高かったので、自分の関心のあるところに打ち込んで、セルフコントロールはしっかりしていた、と言うことができる。自由に生きているようでありながら規律を外さないところに、一定の信用が生まれるものだ。より多くの人々への責任を感じている人に対しては、まわりの人々もかげながら応援してくれるものだ。

なお、老婆心《ろうばしん》ながら、授業中ノートをとらなかったように書いてあるが、何冊かのテキストを併読して内容を既に理解していたからであり、決して寝ていたわけではない。

二〇一四年　六月九日

幸福《こうふく》の科学《かがく》グループ創始者兼総裁《そうししゃけんそうさい》

大川隆法《おおかわりゅうほう》

幸福《こうふく》の科学学園《かがくがくえん》・幸福《こうふく》の科学大学創立者《かがくだいがくそうりつしゃ》

青春マネジメント　目次

青春マネジメント

――若き日の帝王学《ていおうがく》入門――

二〇一三年十月二十五日　説法《せっぽう》
東京都・幸福の科学総合本部にて

3　女性がリーダーになるために心掛けることとは　88

青春マネジメント

―若き日の帝王学《ていおうがく》入門―

二〇一三年十月二十五日　説法《せっぽう》
東京都・幸福の科学総合本部にて

1　若い時代の処世訓、人生訓を語る

大学生等の若い人向けに「人生の指針」が必要になってきた

大川隆法　今日（二〇一三年十月二十五日）は、千葉で、幸福の科学大学※の起工式が執《と》り行われるため、そのことを考えていました。「大学ができ、キャンパスができて、やがて何百人、何千人と大学生が生活するようになっていくのだろう」と想像していたところ、やはり、大学生あたりの生き方や生活の仕方、ものの考え方、あるいは、それに続いての「若い人への指針」のようなものが要《い》るのかもしれないと思えてきたのです。

※幸福の科学大学（仮称）は、2015年開学に向けて設置認可申請中です。
構想内容については変更する場合があります。

以前、若い人向けに行った法話《ほうわ》が、何冊かの本になってはいるのですが、私のほうは、あまり自分が話したことを覚えていません（笑）。そのときには話していますけれども、むしろ、私の本をよく勉強している方のほうが、私が何を話し、何を話していないかをよく覚えているのではないでしょうか。

やはり、まだ足りない部分というか、これから未来に向けて、

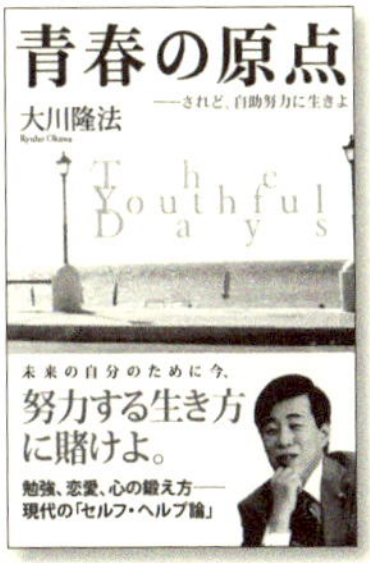

『青春の原点』

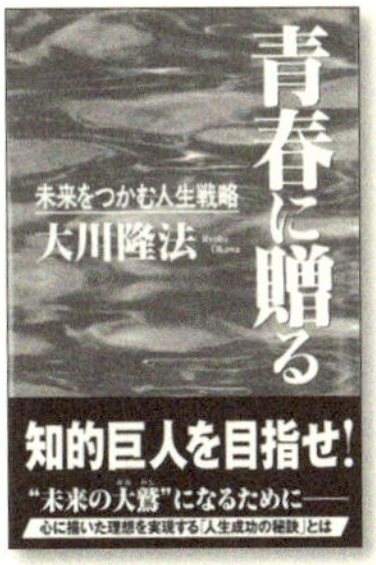

『青春に贈る』

『勇気の法』

『Think Big!』

『知的青春のすすめ』

『恋愛学・恋愛失敗学入門』

（いずれも幸福の科学出版）

今までにないことをやろうとしているときに出てくる問題も、数多くあると思うのです。そのように、かつて法話をしたときにはなかった状況《じょうきょう》が、これから出てきますので、そういうことについて、いろいろ質問を受け、それに答えるほうがよいでしょう。

スティーブ・ジョブズやビル・ゲイツに見る「強い個性」

大川隆法　実は、昨日の段階では、通常の経営学を取り上げ、「『マネジメント入門』の法話をしよう」と思っていたため、関連する本を何冊か読んでいたのです。ところが、読み疲《つか》れたこともあって、ＤＶＤを観《み》ることにしました。それは、「バトル・オブ・シリコンバレー」という映画です。若き日のスティーブ・ジョブズとビル・ゲイツが登場し、成功するまでの競争をしている様子が描かれていました。以前、観た映画ではあったのですが、まもなく、「スティーブ・ジョブズ」という映画が公開されることもあり、改めて観てみたわけです。

ちなみに、その映画では、ジョブズが少し成功し、〝海賊《かいぞく》〟のように会社運営をしていたところへ、ペプシコーラのCEO（最高経営責任者）だったジョン・スカリーが、アップルのCEOとして来ます。そして、ジョブズの誕生パーティーを開いても、みなが、「乾杯《かんぱい》の音頭《おんど》なんか取りたくない」と言っており、「その三カ月後に、ジョブズは解任されるのであった」というところで終わっていました。

ジョブズは、いったん外に出され、その後、別な成功をし、アップル社が駄目《だめ》になったところへ呼び戻《もど》されて、もう一回成功してから亡《な》くなったわけです。お

「バトル・オブ・シリコンバレー」スティーブ・ジョブズとビル・ゲイツという二人の成功者の姿を、実話に基づいて描いた作品。（1999年製作）

そらく、次は、その部分をつなげた新しい映画となるのでしょう。

ともかく、それまでマネジメントの本を読んでいたのですが、そのDVDで、ジョブズとゲイツの若いころの、学生時代や起業する場面を観ていると、けっこういいかげんで、すごく羽目《はめ》を外しており、無茶苦茶《むちゃくちゃ》なところもあって、「うーん……」と、うなってしまいました。

そこには、まともな経営学の考え方とは違《ちが》うものがあり、「強い個性」と言えばそれまでですが、あの映画を観るかぎり、「よく訴《うった》えなかったな」と思うほど、ビル・ゲイツは、山師《やまし》というか、詐欺師《さぎし》に見えるような描かれ方をしていました。

そういう意味では、あれをまねしても、誰《だれ》もが成功するわけではないでしょう。

幸福の科学大学にも、経営者を目指す人が集まってくるのでしょうが、やはり、若いころの「処世訓」や「人生訓」に当たるものも、多少は要るのかもしれないと思いました。

そこで、今回、私自身の考えを述べてみたいと考えたのです。

将来を見越《みこ》して〝青春の戒律《かいりつ》〟を示す

大川隆法　最近の法話では、タイ仏教に触《ふ》れ、「小乗《しょうじょう》仏教の戒律《かいりつ》が、すでに現代には通用しないのではないか」ということを述べました（『比較《ひかく》宗教学から観た「幸福の科学」学・入門』〔幸福の科学出版刊〕参照）。

そうした場合、大学までが、完全に無戒律の自由放任となったりするかもしれません。しかし、大学の場所が海岸沿いであり、キャンプができるところでもあるため、多少〝危険〟なも

『比較宗教学から観た
「幸福の科学」学・入門』
（幸福の科学出版）

のがあるようにも思います。

やはり、戒律を立てないにしても、何らかの重《おも》しをかけておかなければ危険であるという気がしてきました。もちろん、何年か後に必要になることであるとは思っています。

そういう意味で、〝青春の戒律〟ではありませんが、生き方等について、何らかの「考え方」や「重し」、「期待」などというものがあってもよいのかもしれません。

もう一つ付け加えますと、こういうことを話すつもりではなかったのですが、最近、夜中に見た夢の一つが、ちょうど学生時代に少し憧《あこが》れていた女性の夢でした。彼女には、まったく相手にされませんでしたし、向こうは、この世的に見て、いかにもエリートのなかのエリートと目《もく》されるような結果を残した、私の三学年ぐらい上の先輩《せんぱい》とご結婚《けっこん》なされました。ただ、その方が、ときどき夢に出てくるので、「家のなかで何か告《つ》げ口《ぐち》でもしているのだろう。『ああ、あっちも悪くなかった』と言ってくれているのではないか」と想像してはいるのです。まあ、そんな夢を見ました（笑）。

当会はよく新聞広告を打っていますから、「あっちでも悪くなかったかな」などと思っているのかもしれません。

当時の私は、「貧乏《びんぼう》学生で、もはや出世の見込《みこ》みなし」と思われていたのでしょうし、女性というものは、すでに出世が決まった人のほうになびいていくものではありましょう。ただ、もしかしたら、「『あっちも悪くなかったかな』と言ってくれたりしているのではないか」と、ふっと想像したのです。

それを話したところ、家内《かない》がおかしそうに笑っていたので（会場笑）、話のネタとしては面白《おもしろ》いのかもしれないと思いました。

まあ、いろいろな角度から「青春論」を説いてみようと思います。

幸福の科学大学の起工式に絡《から》めまして、いろいろなことを訊《き》いてくれれば、「質問にやむをえず答える」ということも可能です。私も、「言いたくないことも話すかもしれない」というかたちで話させてもらおうと思います。

2　理系の学生のマネジメント能力向上について

司会　それでは、質問のある方は、挙手にてお願いいたします。

大川隆法　今日のテーマは、難しくて、見たこともないようなものですが、「青春マネジメント――若き日の帝王学《ていおうがく》入門――」です。最終的に、この題に近い回答になるような質問をしてくれれば結構です。

司会　それでは、Aさん、よろしくお願いいたします。

A――　私からは、理系の人のことについて、お伺《うかが》いしたいと思います。

大川隆法　ほう。理系の質問から来ましたか。

A――　先ほど、ビル・ゲイツやスティーブ・ジョブズの話が出ましたが、当然、幸福の科学大学の未来産業学部には、「未来産業の担《にな》い手となりたい」という方が数多く入ってくると思います。

ただ、一方で、あまり理系のことに集中しすぎると、マネジメント能力が不足する方も出てくるのではないかということを懸念《けねん》しています。

その意味で、若い人が、「理系の開発能力」と、「マネジメント能力」とを両立させて、第二のスティーブ・ジョブズやビル・ゲイツとなっていくためのアドバイスをお伺いできれば幸いです。

急成長した企業《きぎょう》で起きた「ライブドア事件」の教訓

大川隆法　若いころのスティーブ・ジョブズを見るかぎりは、確かに、日本でいうと、ホリエモン（堀江貴文《ほりえたかふみ》氏）を思い起こします。IT企業《きぎょう》であるライブドアが、一時期、急成長し、そのあと〝お取り潰《つぶ》し〟に入《はい》られ、彼も拘置所《こうちしょ》に入《い》れられましたが、少し、あの事件に似たものはありますね。やはり、あの業界には、そういう自由奔放《ほんぽう》なところがあるのではないでしょうか。

ただ、ホリエモンは、「ソフト系」が強かったらしく、けっこう無戒律《むかいりつ》に思いつきで、いろいろなことを〝やりたい放題〟やっていました。

そのため、そうした実社会のルールの勉強が足りず、常識がなかった面や、世の中を動かしている考え方についての「学問的な勉強」が足りなかった面が、法律等にいろいろと触《ふ》れてき始め、さらには、勢力が一定以上、大きくなったために、取り潰《つぶ》されたようなところがあるのではないかと思います。「そのへんの勉強が足りなかったのではないか」という気がするのです。

「理系人材」の成功には「文系的な目」が欠かせない

大川隆法　そのように、理系的な技術で成功する場合、「製品が爆発《ばくはつ》的にヒットして売れればいい」というところに、おそらく頭が集中していくのだろうとは思いますが、ある意味で、ヒットには怖《こわ》いものがあって、そのあと駄目《だめ》になるケースは多々あるのです。

これは、以前、田原総一朗《たはらそういちろう》氏と対談したときに、田原氏が言っていたことですけれども、ベストセラーも同じようなところがあって、「ベストセラーを出した出版社は、翌年によく倒産《とうさん》するので怖い」ということでした。

やはり、百万部とか二百万部とか、何百万部も売れたりすると、みな、どこか緩《ゆる》くなるのでしょう。本当は「柳《やなぎ》の下には何匹《なんびき》もドジョウはいない」のですが、一回、そうしたミリオンセラーが出ると、また出るような気がしてしまうのです。

普通《ふつう》の出版社というのは、一万部は売れない本ばかりを出しています。

しかし、「その脇《わき》の部分が緩んでしまい、博打《ばくち》をやってしまって失敗するケースが出るので、ヒットもそれなりに大きいと怖い」というようなことを、田原氏は確か言っていたと思います。

同様に、コンピュータ系のものも、ヒットするときは、莫大《ばくだい》なマネー、巨額《きょがく》の富になって出てきます。

それは、農業製品をつくったり、小さな工業製品をつくったりして売っているのと違《ちが》って、一気に世界標準で広がっていくので、そのときの「富の巨大さ」、

「巨額さ」がすごいわけです。

そのため、違ったかたちで、思わぬ権力を手にしてしまうことがあるのです。

そのように、理系のものであっても、一定のシェアを持ったり、一定の売れ行きがあったりする場合、要するに、人心《じんしん》をつかんだり、社会現象になったりして、大勢の人を動かしたりするようになると、その製品が「売れる」「ヒットする」ということ自体が、社会現象を起こして、一定の政治性を帯《お》びてくることがあるということです。

そうなると、もう一方の「文系的な目」というか、もう少し老練《ろうれん》な、経験を積んだ「経営者の目」なり、「政治や法律系の、ものの動き方までが分かるような目」なりが必要になってきます。

ところが、にわかに成功したために、そのあたりが見落とされる場合があって、急には追いつけないのです。

「それほど、ヒットが急に大きくなる」というのは、どのようなことなのかは分かりませんが、「お金が入って入ってしょうがない」というようなあとに、その〝落とし穴〟は来るわけです。

その意味で、「理系のドリーム」も、確かに、本当にヒットするものであれば、面白《おもしろ》くてしょうがないぐらいのところまで行くのでしょうが、その間に、「文系的素養」を積める時間があるかどうかは分からないし、積めない場合は、そうしたものを持っている人を呼ばないと無理なのです。

面接で「変わった質問」をしたスティーブ・ジョブズ

大川隆法　アップル社であれば、スティーブ・ジョブズは、当時、学生の延長のような感じで、ジーパンを切った短パンをはいて、汚《きたな》い格好をしたまま、サンダル履《ば》きで会社のなかを歩き回っているような状《じょう》況《きょう》でした。

　ところが、会社が大きくなってくると、人がだんだん増えてきますけれども、ジョブズは、面接をするときでも、テーブルの上に裸足《はだし》の足をバーンと投げ出して、やっていました。

　相手は、ネクタイをして、背広を着て、ピシッとした格好で座《すわ》っているのに、「ああ、おまえはＩＢＭタイプだな。ＩＢＭタイプは駄目だ」という感じで話しているのです。そのときの質問が、“Are you a virgin?”《アー ユー ア バージン》（君は童貞《どうてい》かい？）というものでした。

　そのため、人事の担当者が「ジョブズさん、その質問は、さすがにまずいんじゃないですか」と言っても、「何がまずいっていうの」と、二度も三度も同じ質

『公開霊言 スティーブ・ジョブズ 衝撃の復活』
（幸福の科学出版）

問をするので、相手もネクタイを締《し》め直しながら、ジョブズがどこまで本気で訊《き》いているのかが分からなくて、「私《わたくし》には、いちおう妻と子供がおります。すみませんが、私は学生結婚《けっこん》をしてしまいました。それは認めます」などと、白状《はくじょう》したりしていました。

ところが、ジョブズは、「俺《おれ》はそんなことは訊いていない。おまえがバージンかどうかを訊いているんだ」と、あくまでも言うのです。相手は、結婚しているのに、そのようなことを言われるので、「は？」という感じで、頭がクラクラして、訳が分からなくなっていました。

結局、ジョブズ的に見れば、ＩＢＭというのは、要するに、〝おじさんがたの館《やかた》〟であり、アッシリア帝国とローマ帝国を合わせたような巨大な帝国だったので、「そんな感じの奴《やつ》は、海賊《かいぞく》の集まりみたいなアップル社では通用しない」と思っていたわけです。

つまり、「その心が純粋無垢《じゅんすいむく》で、そうした巨大な帝国に侵《おか》されていないような状況かどうか。未経験なことに立ち向かえるようなものを持っているかどうか」を、本当は訊きたかったのでしょう。

ただ、〝表現〟としては少し悪くて、この世的には通用しないものです。

その後、日本の会社でも、それをまねして、同じことを女子学生に訊いたために、怒《おこ》って出ていかれ、「セクハラされました。そんな質問に、なぜ答えなければいけないのですか」などと言って訴《うった》えられたりする会社が出はしたのですが、その会社は、「いやあ、どういうふうに反応するか、見たかっただけだ」と、一生懸命《いっしょうけんめい》、言い訳をしていました。

ともかく、ジョブズの会社は、そのようなことをやるような会社だったのです。

自分の会社から「追い出された」創業者スティーブ・ジョブズ

大川隆法　そのように、スティーブ・ジョブズは常識が足りなかったため、当時、ペプシコーラの事業担当社長をやっていたジョン・スカリーを呼びました。

年齢《ねんれい》はスカリーのほうが一回《ひとまわ》り以上、上でしたが、「一生、砂糖水《さとうみず》を売り続けるのかい？」と言って、彼を呼び、最初は仲の良い蜜月《みつげつ》時代が続いたのです。ところが、今度は、「ジョブズのおかげで、もう会社が潰れてしまう」ということにだんだんなってきて、他の役員の全員一致《いっち》で追い出されてしまいました。「創業者（ジョブズ）がいると、会社が社会的に成長しないし、潰れてしまうところまでやってしまう」ということだったのです。

そのときは、ちょうど、「リサ」（Ｌｉｓａ）と「マッキントッシュ」（Ｍａｃ

ｉｎｔｏｓｈ）というコンピュータが、競争をしていたころでした。両方とも、同じ「アップル」という会社が出しているのですが、リサをまだ売っているときに、マッキントッシュを出して、社内がマッキントッシュ派とリサ派などに割れて競争し、「○○が勝った」と言って、乾杯《かんぱい》をしたりしていたのですから、会社が分裂《ぶんれつ》するというような状況だったのです。

ジョブズの考えは、「会社のなかで大いに競争すれば面白いじゃないか」というものでした。本人は、野球でいえば、ＡチームとＢチームに分けて試合をしているようなつもりでやっていたのでしょう。

そのため、「社内が分裂するような状態になってまで、お互《たが》いに競争し、『勝つか負けるか』というようなことをやるのはよくない」と、ほかの人に言われるのですが、聞こうとしませんでした。

なぜ「リサ」という名のコンピュータになったのか

大川隆法　ちなみに、「リサ」というコンピュータ名には、いわくがあります。

実は、ジョブズがまだ結婚していない段階で、付き合っていた女性がいて、彼女が、妊娠《にんしん》二カ月のときに、「妊娠した」とジョブズに言いに行くのですが、「そんなの、俺の子かどうか分からんじゃないか」と、ジョブズが言うので、向こうは、「あんた以外の男とは寝《ね》てないから、あんたの子だ。間違いない」と言って、怒るわけです。

ところが、ジョブズは、「そんなの、確証がないから、俺の子と認知するわけにはいかん！」と言って、頑張《がんば》り続け、認めませんでした。

ただし、子供が生まれるころには、「自分の子」とは認めていないものの、「変な名前を付けるな」などとギャアギャア言い始め、自分で「リサ」（Ｌｉｓａ）と名付けるのです。

そのように、認知していないのにもかかわらず、その娘《むすめ》に名前を付けたわけですが、そのあとで調べて、「〝生物学的〟にも自分が父親だ」ということが分かってはいます。

その子供は、やがて、ジョブズが別の女性と結婚をしたときに、娘として入籍《にゅうせき》しており、優秀《ゆうしゅう》でもあって、ハーバード大学に入っています。

そのようなわけで、「リサ」という名前は、認知していない娘に自分が付けた名前を、コンピュータの名前にもそのまま付けたものだったのです。

ジョブズの人生から学ぶ「企業経営《きぎょう》のための教訓」

大川隆法　結局、ジョブズは、娘として認知していないのに、娘の名前を付けたコンピュータを売り、さらにマッキントッシュを出して、競争させるというようなことをしたわけです。そのために、「もう運営が目茶苦茶《めちゃくちゃ》だ」ということで、社内統一のために、創業者にもかかわらず、追い出されてしまいました。

ただ、ジョブズは、外に出されてからあと、ピクサー等の会社で、いろいろと成功したのです。一方、その間、アップルは、「技術」がないままの「経営」だけでは難しく、業績が落ち込《こ》んでいったので、ジョブズは呼び戻《もど》されることになりました。そして、呼び戻されたジョブズは、「iPod《アイポッド》」や「iPad《アイパッド》」などで再び成功し、その後亡《な》くなって、現在へと続くわけです。

いずれにせよ、客観的に見るかぎり、追放される前のジョブズは、会社の規模が急に大きくなりすぎたために、いわゆる「経験不足」、「知識不足」に陥《おちい》り、マネジメントができていなかったのだろうと思います。

ですから、ある程度の規模になった場合、やはり「規模相応《きぼそうおう》の考え方」や「社長の動き方」があるわけです。

ビル・ゲイツは〝盗《ぬす》みの名人〟のような男だった？

大川隆法　同じく、映画（前掲《ぜんけい》「バトル・オブ・シリコンバレー」）には、ビル・ゲイツも登場しますが、その描《えが》かれ方は、彼が怒らないのかと思うぐらいのひどさで、ほとんど詐欺師《さぎし》まがいに見えます。ゲイツは、ほとんど、何も自分で発明することができない〝盗《ぬす》みの名人〟で、勝手に盗んでいくような感じに描かれているのです。

例えば、ゲイツは、アップル社に行って、「僕《ぼく》らはファミリーだ。仲間なんだよ。一緒《いっしょ》にやろう」というようなことを言って、アップルの試作品を三台ほど持って帰り、それを研究して、自分らで勝手に同じようなソフト（Windows《ウィンドウズ》）をつくって、日本のNEC（日本電気株式会社）に売りつけたりしています。

それで、そうしたソフトを開発していることが発覚するわけですけれども、そのときにジョブズはゲイツを呼びつけて、「何だ！　これはどういうことだ!?」というように問い詰《つ》めるのです。ところが、ゲイツは、ハーバードの法学部で弁護士を目指していて中退した人であり、

『逆転の経営術』（幸福の科学出版）第３章にビル・ゲイツ守護霊の霊言を収録。

説得の名人なので、数時間かけて、そのソフトがいかにくだらない商品であるかということを、理系的に説明し、納得《なっとく》させてしまいます。

ジョブズも、「そんな大したことのないものならいい」ということで、説得されるのですが、実際、ゲイツが盗んだのはそのとおりで、サンプルを三台持って帰る際、車に乗り込む前に、ゲイツは、これは本当のことかどうか知りませんが、「試作機を三台、よそ者に軽々《かるがる》と渡《わた》すようだったら、この会社は潰《つぶ》れるな」というようなことを言っていました。映画では、そのように、非常に悪い男に描かれています。

ゲイツは、さらに、ＩＢＭと取引をしたとき、「ＤＯＳ《ドス》」という、コンピュータのシステム全部を制御《せいぎょ》するソフトがあるということで、向こうと交渉《こうしょう》しました。

当時、ＩＢＭは、コンピュータのハードにしか関心がなく、ソフトのほうについては、それほど重きを置いていませんでした。そのため、ソフト代金については、あまり気にもしていなかったところはあるのでしょう。

ところが、ゲイツがそれを売り込んだときには、コンピュータのオペレーティングシステム（ＯＳ）なるものは、実は、まだ何もなかったのです。

ゲイツは、何もないもの、〝まだ開発されていないもの〟を売り込んで、向こうが「オッケー」と言ってから、「開発している奴《やつ》はいないか」と慌《あわ》てて人を探し、それを手がけている人を見つけて、そこから買い取りました。

その際、「売り先については、『秘密』という条件があるから言えないんだけれども、五万ドルで買い取る」と言って手に入れ、それが、数限りない富《とみ》を生み出すことになるわけです。

ゲイツについては、そのような姿も描かれていましたが、ほとんど詐欺師《さぎし》まがいの描かれ方をしており、それで「世界一の大富豪《だいふごう》」が出来上がったことになっていました。それだけを見ていると、「理系の天才」というのは、みな、ややクレージーで、〝いかさま師〟的なところがないと、まるで成功しないように見えます。「大ぼら吹《ふ》き」、あるいは、「交渉家」、「破天荒《はてんこう》」といった、そういうものが付かないと、成功しないようにも見えるのです。

どちらかといえば、ジョブズのほうは、「開発系の天才だけれども、この世的常識のない人間」というように描かれていて、ゲイツのほうは、「交渉の達人」といえば「交渉の達人」ですが、〝盗みの名人〟というか、「騙《だま》くらかして、舌先《したさき》三寸《さんずん》で丸め込んで人のものを奪《うば》っていき、自分のものにしていく人間」というように描かれています。まるで、「アップルがやろうとしていたものを盗んで、自分の『Ｗｉｎｄｏｗｓ』というソフトにして世界に売り出してしまった」というような感じにはなっていました。

その世界の実情については、よく知らないのですが、似たようなところはあるのだろうと思います。そのように、非常な奇人変人《きじんへんじん》に描かれてはいました。

「理系の天才」に必要な「心掛《こころが》け」

大川隆法　ただ、「天才」ということになると、「通常とは違った面はどうしてもあるのかな」とは思うのです。やはり、何かに夢中になって、ぞっこんにならないと、普通は天才的なところまで行きません。

何かに夢中になって、その虜《とりこ》になってしまっているような人というのは、ほかのことを忘れることが多いのです。例えば、脇が甘《あま》いこともあるし、抜《ぬ》けているところもあるし、足をすくわれるところもあります。そういうところはあると思うのです。

その意味で、何かに夢中になっている人に、「ほかのことに関心を持て」と言っても、無理なのかもしれないのですが、できれば、「天才」か「天才の卵」になる前の段階で、ほかの一般《いっぱん》的な教養を、もう少し身につけておいたほうがいいのかもしれません。やはり、文系的な素質も少し入れておいたほうがよいのではないでしょうか。

さらに、自分とは違う異質なところ、自分を補《おぎな》うところを持っている人と、チームを組めるような気質をつくる努力をしなくてはいけない面も、あるのではないかと思います。

「知識」や「経験」の不足を補《おぎな》うために必要なもの

大川隆法　「ホリエモン事件」では、入社一年目ぐらいで関連会社の社長になった人が大勢おり、若い人ばかりで経験が足りなすぎるところがありました。それで引っ掛かったところもあると思います。

　また、リクルート社も、「リクルート事件」を起こしたとき、江副《えぞえ》（浩正《ひろまさ》）さん以外の役員に、三十代の人が増え始めていました。それにしては会社が大きくなりすぎたところがあったたし、この世的に、やや、「世間解《せけんげ》」というか、世間常識の部分が足りなかったところはあったのではないかと思います。

　したがって、「何らかの方法でそこを知識的に埋《う》めるか」、あるいは、短期間で経験を手に入れるのが難しいのであれば、「経験を持った人を入れるか」、そのどちらかをしなければいけません。

　ただ、ジョブズのように、「自分よりかなり年上で〝すご腕《うで》〟の経営者のよう

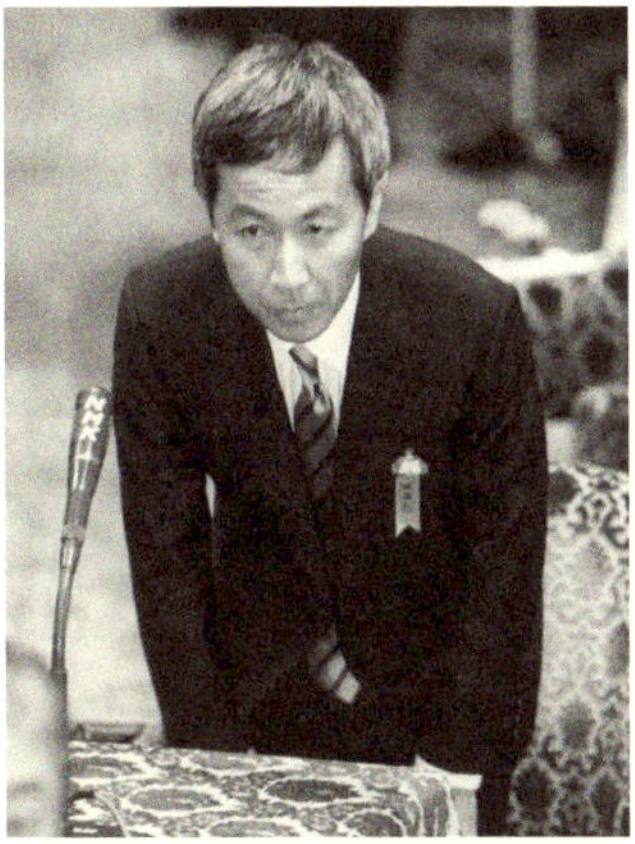

江副浩正（1936 ～ 2013）
実業家。株式会社リクルートの創業者。2014年５月９日、「リクルート事件、失われた日本経済20年の謎―江副元会長の霊言―」を収録。

な人を呼んでくればいいか」といえば、そうでもなく、自分のほうが追い出される場合もあります。やはり、そうした人を、まったく使いこなせなければ、追い出されることがあるわけです。

そのへんについては、自分が詳《くわ》しいところまで分からないにしても、外枠《そとわく》は、ある程度、理解できるぐらいの判断力がないと、人が使えないところはあるのです。

もちろん、自分よりできる人を集めることは大事です。会社が大きくなるときには、自分よりできる人を集めないと無理なところもあります。

ただ、その人たちを使ったり、その人たちとチームでやったりするためには、外枠だけでもいいから、だいたい、どのような仕事なのかという概念《がいねん》を理解する、あるいは、よし悪《あ》しを理解する程度の直観力は、やはり要《い》るのではないでしょうか。

それは、時間をかければ、ある程度、できることですけれども、その労を惜《お》しみすぎると無理になります。

そうした「開発の天才」に、マネジメントの勉強ばかりさせることは、かなり難しいことかもしれません。ただ、せめて、〝パイの皮〟の部分だと思って、そのくらいのものはつくらないといけないのではないかと思います。

ホリエモンは、東大の宗教学科中退ですけれども、会社がかなり大きくなってきて、資金を一兆円集めようとして、七千八百億円ぐらいまで集めたあたりの段階で、やはり法律等について少し勉強しておかないと無理だったという気がするのです。

そういう意味で、成長相応に必要とされる「知識」や「経験」はあります。これは、人の力を借りるか、自分が勉強するか、いろいろなかたちはあろうけれども、「何らかの社会的存在になってきた場合には、社会的存在として必要なだけの判断力や実行力は要《い》るようになるのだ」ということは知っておいたほうがよいでしょう。

突出《とっしゅつ》した「理系の才能」を持つ人の難しさ

大川隆法　理系の人は、最初は、もちろん技術だけに専念するのもよいとは思います。

また、幸福の科学大学では、「理系でも、企業家《きぎょう》として、社長になっていけるぐらいの素養は身につけさせよう」と考えてはいるわけですが、それほど簡単なことではないかもしれません。「文系と〝ちゃんぽん〟で分かるような人」というのは、ある意味で、理系的才能が足りない場合もあるのです。

以前、ある大企業の社長と会長をやった人の本を読んだことがあります。それは、『私の履歴書《りれきしょ》』（日本経済新聞に連載《れんさい》されている著名人の自伝）のような本だったと思いますが、その人の出身である東大の同期生に、東大の名誉《めいよ》教授になった人がいたそうです。

その同期生は、のちに開成《かいせい》中学校・高等学校の校長を十年ぐらい務め、さらに中部地方の渥美《あつみ》半島辺りに「海陽《かいよう》学園」（海陽中等教育学校）という、幸福の科学学園のライバル校に当たるような中高一貫《いっかん》校が開かれるときに、七十五歳《さい》ぐらいで、初代の校長として呼ばれていった人です。

ただ、学生時代に、その同期生の下宿に行ったところ、物理の本を寝転がってパラパラと読んでいたというのです。のちの社長は、それを見て、「頭のつくりが違うので、とても敵《かな》わん」と思い、学者・研究者への道を諦《あきら》め、「実業家になったほうがよい」と考えてメーカーのほうに転身することにしたそうです。おかげで、社長になれたわけですけれども、物理の本をマンガでも読むように読んでいたのを見て、「同じ東大でも頭が違う」と感じたらしいのです。

もちろん、どちらが成功したかは、この世的には分かりません。社長になった人と、東大教授をし、ノーベル賞候補ともささやかれ、その後、中高一貫校の名物校長になった人と、どちらが偉《えら》かったかは、この世的には、なかなか分からないところはあります。

実業家になった人は、そのような見方をしていましたが、これについては、実に難しいところがあります。才能が突出《とっしゅつ》していると、ほかのところが見えなくなる部分もあるし、本人自身も自覚していない面がかなりあるので、そのへんは何とも言えません。

これは、技術系に限らず、どの分野でもそうなのですが、何かについて、非常にやりすぎた人は、突出した専門知識を持って、判断も、まったく普通ではないところまで行くのですが、そのほかのところについては疎《うと》くなったり、ほかの人の言っていることが分からなかったりすることさえあるわけです。

私が、東大法学部の学生時代に悩《なや》んでいたこと

大川隆法　理系の話ではありませんが、実は、私にも学生時代に悩《なや》みがありました。その悩みというのは、「法律の本が異常に速く読める」というものです。

このようなことを言うと、みなさんは笑うと思いますが、周りにいるほかの人に、どう訊いても、東大法学部には、私のような速度で法律の本を読んでいる人はいなかったのです。成績のよい人たちに訊いても、みな、一時間に二、三ページか、三、四ページぐらいの速度で読んでいるわけです。

例えば、法律の本には、「法律の第○条で、『判例《はんれい》百選』の□□」などというように、条文等が数多く書かれていますので、そうした条文に線を引いたり、判例《はんれい》

を調べたりしながら読んでいると、やはり時間がかかります。みな、『判例百選』などを読んで、いろいろと調べながら論点を詰《つ》めていっているので、法律の本というのは、それほど速く読めないのです。

ところが、私は憲法も民法も刑法《けいほう》も、最初からみな、〝時速〟六十ページで読んでいました。これは、普通の人が小説を読むぐらいの速度です。

私が、「『憲法総論』『憲法各論』は、土日の二日で読み終わった」と言うと、「はあ！　おまえは、どんな勉強の仕方をしてるんだ!?」という感じで言われました。そこで、「いや、自分でも悩んでいるんだ。『こんな速く読んではいけない』と思いつつ、どうしても遅《おそ》く読めないので、苦しいんだ。ほかの本はもっと速く読んでいるから、『せめて、勉強の本ぐらいゆっくり読もう』と思って、頑張ってゆっくり読んでいるんだけど、どうしても、一時間で六十ページぐらい読んでしまうので、もうどうにもならないんだ」と言っていたのです。

例えば、我妻榮《わがつまさかえ》氏の民法の著書に、「ダットサン民法」と呼ばれているものがあります。コンパクトな、民法概論についての〝三冊もの〟ですが、『ダットサン』は、トイレで三回ぐらい読んだかなあ。あんなものは、机の上で読む本ではないでしょう」というような感じで言っていたので、みな、あきれ返ってしまい、実に私はコンプレックスを持っていました。

そのように、「法律の本があまりにも速く読めてしまう」というのが私のコンプレックスで、これは、「頭がすごく粗雑《そざつ》なせいなのだ」と思っていたわけです。「どうも、私の頭は粗雑で、細かいことにこだわって深く掘《ほ》り下げることができない。ザッとしているので、パーッと読んでしまう」ということで悩んでいました。「どうしたら、みんなのように、一時間に二、三ページしか読めないような頭になれるのだろうか」と、幾《いく》ら考えても、どうしてもできないのです。

それで、「これは、もう、生まれつき頭が悪いんだから、しょうがない。こんな雑な頭は、もうしかたがない」と思っていました。いわば、法律を〝ザルですくって〟いるようなものなので、「こんな勉強の仕方をしたらいけない」と、自分で何度も何度も反省をするのですが、どうしても、そうなるのです。

要するに、面倒くさいわけです。私は、「本の一部を部分的に深く掘り下げてマスターする」という理解ができなくて、体系的に理解しないと納得しない頭なのです。全体像が見えないと駄目な頭で、まず、できるだけ短い時間で全体像をつかんでしまうわけです。

例えば、「憲法の全体像」や、「民法の全体像」、「刑法の全体像」、あるいは、ほかの法律もありますが、その全体像をできるだけ速くつかんでしまい、それを二、三回繰《く》り返して、もう少し理解度を深めた上で、論点に当たる部分について、調べたり、読み込んだりするのは構いません。

しかし、「全体が分からないまま、部分だけにとらわれて進まない」というようなことは、どうしても体質的に耐《た》えられなくて、とても苦しんでいました。

受験時代からあり、大学でさらに強まった「悩《なや》ましい傾向《けいこう》性」

大川隆法　ただ、振《ふ》り返ってみれば、その萌芽《ほうが》は、もう少し早い受験時代から出ていました。そのころから、読むのが速い気《け》があり、また、人よりも余分《よぶん》にいろいろなことを勉強する気があって、「これを何とかして止《と》めよう」と思っても、やまなかったのです。

「絞《しぼ》り込まないと受験は勝てない」ということが、『ミラクル受験への道』（幸福の科学出版刊）にも書いてありますが、これができなかっ

『ミラクル受験への道』（幸福の科学出版）

たわけです。そうした、自分ができなかったことを反省して、平気で書いてありますけれども（笑）、私の場合、どうしてもいろいろなものが増えていくのです。

その本には、「一冊に絞《しぼ》れ」と書いてあるのですけれども、私の場合、いろいろなものが増えていって、本棚《ほんだな》にズラズラッと並んでいく気がありました。やはり、さまざまなものを読んでみないと納得しないというか、「もし騙《だま》されたら困るので、さまざまなものを見てみないと分からない」というような感じがあって、読んでしまうわけです。

そうなると、収拾《しゅうしゅう》がつかないぐらいに拡散していき、〝エントロピーの法則〟にしたがって無限大になっていくので、非常にマスターしにくくなります。これは、非常にまずい状況であることは、自分でも、よく分かっており、「こういうことをやってはいけない」と思いつつも、「文系の学部でも理系の学部でも、受けたら受かるようなところまでやってしまう」「いろいろな大学に対しても受かるようなものをやってしまう」というように、さまざまなものに手を出して収拾がつかなくなる癖《くせ》が、昔からありました。

そのため、それを〝締《し》める〟のに本当に苦労しましたし、「何とかして、もう少し絞り込まなくてはいけない」と思って努力したのですが、大学に入るとさらに〝爆発〟してしまい、法学部には関係ないものばかり、いろいろなところまで手を出して読み始めたのです。

自分でも、「これはもう〝病気〟だな。もう駄目だ、〝成仏《じょうぶつ》〟しなくてはいけない。どこかで往生《おうじょう》して、諦《あきら》めるしかない。そうしなければ成功しない」と思ったのです。

つまり、ほかの人たちと頭がかなり違って、みな、専門的なことをじっと細《こま》かく議論できるような「緻密《ちみつ》な頭脳」であり、論理的に考えるような訓練を一生懸命しているのですが、私だけは「拡散思考」で、いろいろなものがたくさん増えていくのです。

そこで、「ああ、これはもう、ほとんど才能がないな。間違って法学部に入ってしまったらしい。もう少しジャーナリスティックな、雑学をたくさんやっているようなところにでも入ればよかった」と思いました。

当会の職員の黒川《くろかわ》さん（黒川白雲《はくうん》氏。学校法人幸福の科学学園理事・幸福の科学大学人間幸福学部長予定）などを見ていると、「あんな感じだったらよかったな」と思うことがあります。彼は、どんどん情報が増えていく傾向《けいこう》がありますが、「あれなら、いける。あれなら、やれるな」と思うところがあるのです。

つまり、彼が出た早稲田《わせだ》大学の政治経済学部は、実によいところのようで、見ていると、「絞りがとても悪い」わけです。卒業生には、みな、「拡散傾向」があるので、やはり「絞り込みが悪い」のでしょう。ジャーナリスティックな部分があるために情報が増えるのだと思います。

※幸福の科学大学（仮称）は、2015年開学に向けて設置認可申請中につき、大学の役職については就任予定のものです。

しかし、本来、法学部の場合、「情報が増える」というよりは、やはり〝絞り込んで〟それをある程度、掘り下げてマスターしなければ駄目なところがあって、それができれば、ほかの一般常識の部分も増えてもよいのだと思うのです。

私は、そうした「絞り込み」がどうしてもできなくて、かなり悩《なや》みました。狭《せま》い範囲《はんい》でじっと勉強できる人が、うらやましくてしかたがなかったのです。

「読書」で知識《ちしき》を結晶化して付加価値をつくらないと「勉強」ではない

大川隆法　今、東京大学で教授をしている友人がいるのですが、学生時代に彼と話していたときに、私が、「自分は、本は読めるんだけど、あまり勉強はできないんだよな」という言い方をしたところ、彼は、「本を読むことが勉強じゃないか」と言うのです。そこで、私は、「妙《みょう》なことを言うなあ。『本を読むことが勉強』とは、何ということを言うんだ。本は楽しみで読むものであって、勉強とは違うじゃないか」と思ったことがありました。

私にとっての「勉強」は、そういうものではなくて、机に向かってウンウン言って苦しみながら作業してやるものであり、本を読むことなどは勉強のうちに入っていません。私は、本は〝楽しみ〟で読んでいるので、「勉強」という意識は全然なかったわけです。

したがって、「本を読むのが勉強じゃないか」と言った彼に、「変なことを言うなあ」と感じたのですが、あちらは、一生、本を読んで暮らしているようなので、それが勉強なのでしょう。

私は、「本を読むことだけが勉強ではない」と思ったし、同じく本を読んでも、やはり、その「結晶化《けっしょう》」や「アウトプット」が大事だと思っています。要するに、作品など、何らかの生産物につながらなかったら、その読書には、無駄になる部分がそうとうあるわけです。

その意味で、さまざまな「拡散した知識」を凝縮《ぎょうしゅく》したり、結晶化したりして、何か付加価値《ふかかち》になるものをつくり出していくべきです。そうしたアウトプットが伴《ともな》わないインプットというのは、やはり、ただの時間潰《つぶ》しや暇《ひま》潰し、金《かね》潰しになってしまうことが多いので、いけないでしょう。それで、読書だけでは、「勉強」とも「仕事」とも認めていないところがあるわけです。

〝文系のスティーブ・ジョブズ〟型の仕事のあり方

大川隆法　それは、今も同じで、本を読んでいても、仕事をしているという気が全然しません。秘書などにも、「ゴロゴロしていて申し訳ない」と、よく謝《あやま》っています。「いつも〝粗大ゴミ〟でゴロゴロしていて、何もしていない。仕事もせずに申し訳ない」と言っているのですが、秘書のほうは、「本を読んでいるから仕事をしている」と思っているらしいのです。

おそらく、私は、本を読むスタイルも少し悪いのでしょう。机に向かって読むことは、めったになく、寝転《ねころ》がって読むことが多いのです。

先ほど述べた、東大の教授と同じで、裏返って平気で読んだり、ベッドで読んだり、ソファーで読んだり、いろいろな格好をして、さまざまなところで読んでいます。

それほど真面目《まじめ》に勉強している気持ちはないので、それが不思議に見えるのかもしれません。

真面目に机に向かって、きっちりやったようなものは、「仕事をした」という気があるのですけれども、その時間が、一日のなかで非常に短いため、自分では、遊んでばかりいるように思う気持ちがあるわけです。ただ、「周りは少し違うように言ったりする」という、ずれがあります。

ただ、ある女性の秘書の守護霊《しゅごれい》が、私のところに来て、「先生は全然働いていない」と、雄弁《ゆうべん》に語っていました（会場笑）。

まさに、〝そのとおり〟であって、よくぞ言ったものです。「先生は働いていない」と、秘書として見抜きました。確かに私は、机に向かって仕事をしていません。彼女の守護霊は、「先生は、ゴロゴロしたり、ウロウロしたり、散歩をしたり、本を読んだり、映画を観《み》たり、いろいろなことをしているので、仕事をしているように見えない。ほかの人たちは、事務所で、朝から夜遅くまで仕事をしていますが、先生は、全然、仕事をしていません」と言いましたが、まことに、そのとおりではあるのです。

ある意味では、〝文系のスティーブ・ジョブズ〟のようなところも私には少しあるのかなとは思うのですけれども、私にとっては最後の結晶作用というか、創造物として結晶させていくところが「仕事になる部分」であるので、その〝化学変化〟が起きるまでのところは、仕事に見えないところがあるのでしょう。それは、しかたがないとは思っています。

ただ、それを、よいほうに捉《とら》えてくれる人や、厳しく指弾《しだん》される人など、世の中にはいろいろな人がいるので、「理解されるのは難しいな」と思ってはいますし、「できるだけ、仕事をしているように見せなくてはいけないな」と、今も思っているのですけれども、あまり、まともにやっていないというところはあるのかもしれません。

その意味で、「創造性」と「自由なスタイルでやりたがる傾向」というのは関係があるように思います。

ジョブズのような「予期せぬ成功」を生み出そう

大川隆法　かつて、スティーブ・ジョブズが、スタンフォード大学の卒業式において記念講演をするという、珍《めずら》しいことがありましたが、そのなかで、彼は、「予定された偶然《ぐうぜん》」というか、「予想された偶然」というようなことを話していました。

彼は、大学を中退したものの、モグリで、美しい手書きの文字を書けるようになる、カリグラフィー（西洋の装飾《そうしょく》的書法）の授業だけは、きちんと受けたようで、そのことと、彼がつくったコンピュータの「書体の進化」とが、実は関係があったようなのです。

つまり、彼が授業で学んだ、「美的センス」というか、「デザイン力」が関係したらしく、そこには、まったく別々だったものが結びついていったところがあったわけです。

そのように、無目的に、関係なくやっているように見えたものが、「予定された偶然」といった感じで、あとから結びつき、新たなものが出来上がるのですが、そのときには、「まさか、これが、こんなところに影響《えいきょう》してきて、こういうかたちで出てくるとは」というような感じでしょうか。

例えば、「パンはパン屋で、餅《もち》は餅屋で、それぞれつくっていたものから、パンにあんこを入れた、木村屋《きむらや》の『あんパン』ができる」というようなことです。

つまり、「それぞれ別にあったものが、結びついたらどうなるか」ということを、もし考える人が出たら、そうした「あんパン」のようなものができてしまうことがあるのです。

ただ、「パンをつくる技術」と「あんこをつくる技術」が、それぞれになければばできません。それが偶然に人生の未来の、どこかで交錯《こうさく》したら、木村屋の「あんパン」ができて、銀座《ぎんざ》の一等地に店が出せるようなことになるわけです。

したがって、無目的、あるいは無駄に見えるようなことがあっても、それがどこかで必然的に何かにつながって、結晶化してくることがあるのです。

理系で、企業家を目指している人や、天才を目指している人には、きっと〝変なところ〟がおありでしょう。しかし、そうした変なことをやりつつも、何かほかのことにも関心が持てた場合、それをやっておくと、それらが何年後か、何十年後かに、〝予定された偶然〟風に、あるいは、〝予期せぬ成功〟風に結合して、何かに変わることがあるのではないかと思います。

そこで、頭に置いてほしいことは、「自分が今、夢中になっているものや熱中しているものとは違うものにも努力して関心を持ち、知識や経験等を味わってみることも大事なことである」ということです。実らないものも数多くあるでしょうが、何かが実ってくることもあると思うのです。

「本を速く読めること」が「霊能力《れいのうりょく》」と融合《ゆうごう》したとき

大川隆法　私も先ほど述べたように学生のころ、法律の本を速く読めすぎることが悩みだったのですが、今の仕事に就《つ》いてみると、『大川総裁の読書力』（幸福の科学出版刊）などという本を出せたりして、「普通はなかなか、そのようにはならないのに、珍しい」と言われたりしています。

　これは、霊能者《れいのうしゃ》のくせに生意気《なまいき》でありましょう。霊能者は、はっきり言えば、もう「神様の言葉」だけを伝えていれば、それで仕事は終わ

『大川総裁の読書力』
（幸福の科学出版）

りです。

「『お筆先《ふでさき》』のようなもので神様の言葉を伝えたら、それでいちおう宗教はできるはずなのにもかかわらず、霊能者のくせに何だか超一流《ちょういちりゅう》の売れっ子評論家か作家のまねをしているようで、おかしいじゃないか」という世間の評価は、多少あるでしょう。

しかし、それは、勉強は勉強で別にやり、仕事は仕事で別でやっていたものが、何となく交錯《こうさく》してき始めて、今、〝変な感じ〟になってきているわけです。

霊能者では、かつてないほど怪《あや》しげな「知の体系」と、「神降《お》ろしの力」とが「一体化」した〝妙なもの〟が、今、できているのだと思うのです。

つまり、「勉強して築き上げた『知の体系』によって、ものを書く」というのであれば、みんな理解できるでしょう。それはそれで、作家としても、評論家としても、学者としても、ありえることです。

また、霊能者というのは、普通は〝空《から》っぽ〟の農家のおばさんのような人です。そうした無学歴の人が、あまりに心が清らかなために「神の啓示《けいじ》」を受けたり、大病《たいびょう》のあとに悟《さと》ったりして、いきなり、学んでもいないような言葉を出せたり、書けたりするようになって、宗教ができるということが多いわけです。

ところが、私の場合、この両方を〝ミックス〟してしまいました。

例えば、イスラム教のムハンマドにしても、『コーラン』という聖典《せいてん》を誦出《じゅしゅつ》しています。つまり、声に出して唱えたものが『コーラン』になっているわけですが、そのムハンマドは、文字を読んだり書いたりできなかったとも言われています。詳しくは知りませんが、そういう意味では、学問を正規には、やっていなかった人なのではないでしょうか。

ところが、そうした人から、言葉だけが出てきたわけですから、農家のおばさんのような人から出た天理教《てんりきょう》や大本教《おおもときょう》のパターンに近いのかと思います。

なお、ムハンマドは、結婚した相手が十五歳年上の金持ちの女性であり、隊商《たいしょう》の社長のような人だったので、おそらくは、その財力《ざいりょく》にものを言わせて、インテリも仲間に加えることができたために、教典《きょうてん》等ができたのだろうと推定します。

そういう意味で、一つの才能があったら、そこに関心を持って突《つ》き進んでいっても構わないと思うし、そのなかで、何か不適合《ふてきごう》や違和感《いわかん》を感じるものがあったときには、もしかしたら、今、自分が掘っているものと違うところにも「別の才能」があるかもしれません。

そして、それらがどこかで融合《ゆうごう》すると、新しい〝化学反応〟を起こす可能性があることを念頭《ねんとう》に置いておいたほうがよいでしょう。

そのように、いろいろなものが結びついて、つながってくることがあるのです。

「成功し続ける」ために大切なこととは

大川隆法　やはり、とりあえず、何かで突破口《とっぱこう》を開かなければ、人生に成功はないでしょう。何か得意なものがなければ無理だと思います。

ただ、そうした突破口が開いたあとに、大成《たいせい》していくかどうか、〝一発屋〟で終わるか終わらないかは、それが「継続《けいぞく》していくシステム」を、自分および自分がつくったもののなかに、つくれるかどうかにかかっていると思うのです。

突破口を開いて、ヒットを打つか、あるいは、ブレイクスルーをするかして、この世にないものをつくらなくてはいけないのだけれども、〝一発屋〟で終わらないためには、それが「継続していくためのシステム」をつくることです。それを、自分のなかの〝遺伝子〟としてつくり上げられるかどうか、あるいは、自分がチームを組んだ者や、つくった組織のなかにつくり上げられるかどうか。

それができなければ、単なる〝発明屋〟の場合、その発明は、それ以上に大きくはならないのです。

例えば、エジソンがエジソンのままであれば、ただの〝発明屋〟で終わってしまうでしょう。しかし、組織ができれば、ゼネラル・エレクトリック（GE）という最大級の会社にもなるわけです。

そのように、何らかのかたちで、継続してシステム的に大きくなっていくようなものに移行していかなければいけないでしょう。

ただ、それをどのようなかたちで実現するかは、人それぞれではあるのです。

ビル・ゲイツの成功から分《わ》かる「隠《かく》れた才能」の見つけ方・生かし方

大川隆法　例えば、ビル・ゲイツの場合、勘《かん》がいいわけです。「これからは、コンピュータの時代だ！」と、いち早く判断し、せっかく入ったハーバード大学を中退しました。

彼の父親は弁護士だったため、中高生時代には、将来、息子《むすこ》が弁護士になることを望んでいたと思うし、本人もそのつもりでハーバードに入ったとは思います。ところが、「ハーバードを辞《や》める」と言うので、周りから、「バカなことを言うんじゃない」という、常套文句《じょうとうもんく》が返ってきたわけです。

しかし、ビル・ゲイツは、「卒業を待っていたのでは、コンピュータの新しい流れに、遅れを取ってしまう」ということで、二年間ぐらいで、その道に入ったと思いますが、その判断は正しかったでしょう。

ハーバードを卒業していたら、年収二千万円の世界にとどまってしまった可能性は高いと思われますが、卒業しなかったために、巨大なマーケットをつかむことができたわけです。そのあたりは、機を見るに敏《びん》なところがあるのではないでしょうか。

また、彼には、何だかんだ言われつつも、「交渉力」に長《た》けているところがありました。それは、弁護士になるために訓練していた部分の延長上に花開く才能かもしれません。そうした交渉力がやはりあったわけです。

なお、学生時代には、ポーカーがやたら強かったらしく、ほとんど負け知らずの「ポーカーのキング」だったようです。そうした勝負強さというものが、「ここが勝負時《どき》だ」と思って勝負をかけるような勘につながるところがあったのでしょう。要するに、「ポーカーの名人」であることが、そういうことにつながったのだと思います。

そのように、人にはさまざまな才能があったり、「遊びの部分」や「趣味《しゅみ》の部分」などにも、いろいろな面があるわけですが、そのなかに、将来の事業の〝トリガー（引き金）〟というか、〝起爆剤《きばくざい》〟になるような何かが隠《かく》れている場合があるのです。

したがって、「自分の隠れた才能」を知りたいと思えば、自分の過去を振り返ってみることです。今まで勉強したことのなかで関心があることや、勉強以外のクラブや生徒会の活動でも、休日の遊びでも、あるいは、友人関係でも、何でもよいのですけれども、異常に心が騒《さわ》いだというか、喜んだというか、そういうところがあったとしたならば、そこに何か別の才能がある可能性があります。そこに気がついて、温《あたた》めておくと、やがて〝孵化《ふか》〟してくることがあるわけです。

他の人の指摘《してき》によって、自らの「異質性」に気づくこともある

大川隆法　先ほど、開成の校長をしていた東大名誉教授が、〝引っ繰《く》り返って〟物理の本を読んでいた話をしましたが、私が他人事《ひとごと》のように、「へえ、こんなことができる人がいるんだね」と言っていたところ、「あなたも、そうなっているんですけれど……」と指摘《してき》され、驚《おどろ》いたことがありました。どうやら、私も〝裏返って〟哲学《てつがく》の本などを読んでいるような人だったのです（笑）。

他の人に対しては、「物理の本が、裏返って読めるってすごいなあ」と思っていたものの、こちらも、「哲学の本だろうが、法律の本だろうが、英語の本だろうが、裏返って読んでいる。テレビを観《み》ながらでも読んでいる」というような状態なので、ある意味では同じだったのかもしれません。ところが、「同じだ」と

自己認識できないところもあるのです。

そういう意味では、人からの指摘には気をつけないといけないところがあるでしょう。

もし私が「大学教授」だったら、どのような問題の出し方をするか

大川隆法　また、自分が「駄目だ」と思っていることが、意外にそうでもない場合もあって、単に駄目なのではなく、「異質性」である場合もあります。

ちなみに、法学部を出て、当会の幹部になっている人には秀才が多く、私が面談をすると、ノートを一生懸命《いっしょうけんめい》、取っています。覗《のぞ》いてみると、私の語った言葉を一言《ひとこと》も漏《も》らさず、ビッシリとノートに取っているのです。

けっこうな速度で話しているのに、全部、ノートを取っており、あとで全部、

再現できるようになっているのでしょう。これは、確かに秀才だし、期末試験を受けたらよい成績が出るタイプです。私が見たら、「おお！　こんなことを言ったのか」と思うようなことまで、たくさん書いてあるわけです。

ところが、問題が一つあります。肝心《かんじん》の私には、「話したことを忘れる癖《くせ》」があることです。つまり、そのような人が、もし教授だった場合、期末試験の際には、自分が講義した内容を全部忘れていて、まったく関係のない問題をポコッと出す可能性があるのです（会場笑）。

「自分は、一年間、講義したけど、何をしゃべったか覚えていないので、とりあえず、こういう問題を出しておいたから頑張るように」などと言われたら、ギャフンという感じになるでしょう。「先生、これは講義に全然関係のない問題なんですが……」と言ったところで、「まあ、考えれば分かるだろう」などと返されたら、それで終わりです。

ただ、たいていの教授の場合は、同じ講義ノートを毎年毎年使っており、それを十年、二十年と使いながら、少しずつ、新しいことを付け足すぐらいなので、そのとおりに書いておけば間違いはないでしょう。

しかし、私のようなタイプは、先ほど述べたような思想を持っているわけです。

私の「ノートの取り方」に見る「異質性」

大川隆法　さて、当会に来ている法学部出身の人などは、ノートをピシッと取っているので、大学時代もさぞ優秀だったのだろうと思います。ところが、私の大学時代のノートには、講義の内容を書いていなかったのです（会場笑）。

ノートはありましたし、成績はよかったので、クラスメイトは、「ノートを貸してくれ」とよく言いにきていました。

また、それを断ると、非常に人が悪く、冷たくて友情がない人間のように見えるのでしょうが、私は断り続けたのです。「見ないほうがいい」と思って、決して渡しませんでした。

実は、ノートには、講義の内容が書いておらず、書いてあるのは、先生が語った冗談《じょうだん》と、参考文献《ぶんけん》として挙げられた本ぐらいだったからです（笑）。

参考文献は、たいてい買って読んでいたために、ノートに書いていたのですが、先生のメインの講義はほとんど書いていなくて、冗談や脱線《だっせん》した話、昔の失敗話、ドジを踏《ふ》んだ話ばかりでした。

例えば、労働法の教授が、「自分の娘は、大学二年で学生結婚、〝できちゃった婚〟してしまって、どうしようもない。お腹《なか》が大きいのに、『これで卒業させてください』と言うので、本当に困った。しかし、労働法を教えている以上、それを守らなければいけない。大学当局と交渉して、何とか娘を卒業させなければならず苦労した」などと言っていた話は、ノートに克明《こくめい》に書いてあるわけです（会場笑）。

実は、私は、労働法の授業を二年聴《き》いてしまったことがあります。一年目に授業を受けたものの、科目数が多すぎたので試験を受けなかったからです。そこで、「何か、別な話をするのかな」と思って、二年目も受けてみたのですが、同じ内容を話していましたし、冗談まで同じでした。

いずれにせよ、ノートには、冗談や失敗談、裏話、脱線部分など、ほとんど役に立たない部分ばかりを書いていたので、コピーさせてあげることができなかったのです。それで、ほかの人に、「まことに申し訳ないけど、見せることはできない」と言っていました。

実際、学年末に、「いよいよ、試験勉強をしよう」と思ってノートを開いても、何も書いていないというか、脱線話や昔話、雑談ばかりが書いてあるので、「これは、おそらく試験問題には出ないだろうなあ」と思うわけです（笑）（会場笑）。

　そのように、ノートを読んでも試験勉強は不可能なので、友達がノートを貸してくれる場合にはそれを借りて読むこともあったし、「ノートは取ったけど、試験を受けないので、あげるよ」と言って、気前よくノートをくれる人もいたので、それを読んだりもしました。

　ただし、たいていの場合は、教科書と、その先生が挙げた参考書があるので、それらを丸ごと、ものすごい速度で、あっという間に読み終わってしまい、それで試験を受けていました。

　ちなみに、成績は周りの秀才たちと同じような結果が出るのですけれども、何か自分が違うことだけは分かっていたので、「まともにノートが取れない」というような、変な劣等感《れっとうかん》を感じてはいました。

自分のなかの異端《いたん》な〝エイリアン感〟も大事に

大川隆法　一方、友達のノートを見ると、すごいのです。教授が言ったことを、全部、書くだけではなく、例えば、一行空《いちぎょうあ》きで書き、そこに矢印《やじるし》を書いて、自分なりに注まで付けていました。「この趣旨《しゅし》は……」というように、敷衍《ふえん》して書いたり、「重点部分はここ」というように書いたりして、見事なノートができているわけです。もう売り出せるようなサブノートができていて、「ほお！」という感じで、びっくりしました。

また、大蔵省《おおくらしょう》（現・財務省）へ入って、政治家になっている人もいるのですけれども、その人が民法の授業に出て、取ったノートは「講義案」として印刷されて、東大の出版会から売り出されていました。授業をテープレコーダーに録《と》って、先生が語った内容を全部、確認し、「講義案」として写していたのです。

そのあとで、先生は、自分も話した内容を覚えていないので、その学生が起こしたものをもとにして、自分のテキストを出版していました。それは、星野英一《ほしのえいいち》という、最近亡くなった、東大の民法の教授です。

債権法《さいけんほう》の授業を受けましたが、あまりにも文章が下手なので、読むに堪《た》えない本というか、面白くない本だなと思ったことがあります。ただ、「講義案」をそのまま印刷して出していました。もちろん、自分でも少しは手を入れているとは思いますが、学生が書いたノートを講義案として、そのまま出版しているわけです。

そのように、世の中には見事にそのままノートを取れる人もいるらしいのです。音声を録って持ち帰り、それを確認して、チェックまで入れるほど〝暇《ひま》な方〟が世の中にはいるようで、私とは正反対でしょう。

なぜか成績としては同じぐらいの結果が出てくるのですけれども、思考はまったく正反対なのです。

そのように、自分に、少し違和感というか、〝エイリアン感〟がある方は、もしかしたら、今いる世界のなかで、異端《いたん》として「認められない」可能性はあります。しかし、その〝エイリアン感〟も大事にしてください。どこかで、それが別なかたちで花開くこともあるのです。

正統派の秀才や、正統派のエンジニアから見たら、「おまえは異端だ」「おまえは狂《くる》っている」と言われることもあるかもしれませんが、その〝エイリアン感〟のなかに、何か未来の光を感じるものがあれば、あまり自分を見捨てず、〝自殺〟せずに、大事に生かしていれば、どこかで役に立つこともあると思います。

もちろん、ノートを取れる人は、取っても構《かま》いません。私の場合は、ノートを取っても、汚い字で書いてあって読む気がしないので、そうしなかっただけなのです。

驚《おどろ》くべき知的生産性を発揮する道

大川隆法　例えば、今でもメモはまったく取りません。取っても無駄だと思っているのです。覚えているものは全部、覚えているし、覚えていないものはまったく覚えていないので、「頭に残らないものは、どうせ使えない」と自分で思っているからです。

そのようなわけで、覚えているものは覚えているのですが、覚えていないものは頭に入らないので、そうした覚えられないものを、わざわざノートに取って確認し、暗記してまで使おうという気がまるでないのです。

要するに、頭に入らないものは、全部、捨てることにしているので、このようなスタイルになっているのですが、おかげさまで、「一日で本が一冊できる」という「驚《おどろ》くべき生産性」を発揮しているわけです。

そのように、「異端児が、異端児でなくなるときがある」ということです。「一日に一回話して、それが一冊の本になる」というのは、普通、あってはならないことだと、自分では思うのです。作家の世界では、通常、月三十枚、年三百枚書ければ一流と言われていますし、調べ物などをしながらやれば、やはり、そういうことになるでしょう。

ところが、申し訳ないながら、私は、一日で一冊になってしまうわけで、それは〝エイリアン的な体質〟から出来上がっているのです。その意味では、自分の〝変態的なところ〟も愛してあげてください。人と同じではないことを悲しがらずに、喜ぶところも多少持ってほしいと思います。

スティーブ・ジョブズやビル・ゲイツから学ぶところがあるとすれば、そういうところかもしれません。

ただ、それだけでは足りないところがあるので、「足りないところについては、何らかのかたちで補っていかなければ、未来が継続することはない」ということも知っておいてください。

以上が、一問目の回答です。

3　女性がリーダーになるために心掛《こころが》けることとは

資格を取り、苦労して道を拓《ひら》いてきた女性の先輩《せんぱい》たち

B——　幸福の科学の学生には、リーダーシップを持った女性がたくさんいると思うのですが、そういう若い女性が、社会に出て、女性起業家やビジネスリーダーになって活躍《かつやく》していくために、学生のときから心掛《こころが》けておくべきことがありましたら、アドバイスを頂ければ幸いです。

大川隆法　この二十年、ないし二十五年ぐらい、女性の先輩《せんぱい》がたは、とても苦労

して道を拓《ひら》いてきたであろうと思います。

昔は、「女性の起業家」などというものが、そんなに簡単に成り立つような世の中ではなかったし、日本でも、それはなかなか難しく、相手にしてもらえませんでした。

今は、二十代の女性が社長の名刺《めいし》を出しても驚《おどろ》かれない時代になってきていますが、昔は、そういうことが、ほとんどありえない時代だったので、「この四半世紀で、ずいぶん変化したな」と思っています。

女性に対する知識的な教育は、男性と同じかとは思うのですが、昔は、大学進学についても、女子はあまり勉強ができないため、男子のほうがよい学校（四年制大学）や理系のほうへ行けていました。

しかし、女子もだんだん勉強ができるようになり、今は、「私立大学の文系ぐらいならば、総代《そうだい》はほとんどが女子だ」と言われています。

人間やればできるものなので、今は、理系のできる頭脳を持つ女子も増えているとは思いますが、昔は、周りの文化として仕込《しこ》まれたものもあったのかもしれません。

ただ、やはり、女性で経営者になっていくような方、あるいは、リーダーになっていくような方というのは、ある程度、古い世代にもいて、生き延びていることはいるので、全員〝死に絶える〟までは、そう簡単に諦《あきら》めない部分もあるでしょう。そのあたりは知っておいたほうがよいと思います。

今は少し違《ちが》うかもしれませんが、私たちの時代には、「女性は、男性の二倍は仕事ができないと男性と同じように扱《あつか》われない。男性の二倍ぐらい仕事ができて、やっと同じぐらいの扱いをされる」というぐらいの感じでした。

私は、昔、男社会である商社にいたことがあります。今は、商社にも総合職のようなものが、たくさんあるのかもしれませんが、かつては、そうしたものが、ほとんどないに等しかったため、どこの商社も、女性をアシスタント的に採用しているところが多かったと思います。

例えば、同じ慶応《けいおう》大学の法学部を卒業して入社し、同じ課に配属された男女の場合、男子のほうは、「優」が三個でも総合職的エリートで、女子のほうは、「優」が六十四個でもアシスタントです。

それでは、普通《ふつう》、怒《おこ》るのではないでしょうか。「幾《いく》ら何でも、これはないでしょう！　このような差別や人権無視は許せない！」というところはあったと思うのです。

今は少し違うと思いますが、当時は、そういう世の中でした。

そのようなか、女性の先輩がたが、伝統的にそれをどのように破《やぶ》ってきたかというと、まず、「資格」などがあるものについては、資格を取っていくところから攻《せ》めていったのだと思います。

例えば、英語の資格を取って、「客観的な学力」を示したり、あるいは、「国家資格」にも、さまざまなものがありますので、自分の仕事に関連する資格を取っていったりしたのでしょう。会社によりますが、「秘書であれば秘書検定を受ける」などというように、資格を取っていくところから道を拓《ひら》いていったのではないかと思います。

女性であることを「言い訳」にする人が出世しない理由

大川隆法　さらに、能力的には、「人間関係力」の面が大きかったと思うのです。リーダーになっていくためには、人間関係力が大事だからです。

また、女性には、「男女平等」を主張しつつ、都合《つごう》の悪いときだけ、「女性は、か弱い存在だから、守られなければいけない」という言い訳をし、パッと態度を切り替《か》える瞬間《しゅんかん》があるものですが、会社としては、そのタイプの女性を、男性と同じように出世させることに抵抗《ていこう》があったように思われます。

やはり、少し前の段階から、男性と同じように管理職になっていった女性たちには、ある意味での「胆力《たんりょく》」がありました。

男性に要求されるような胆力、あるいは、男性以上の胆力があったのです。

例えば、男性であっても、言われたら、めげてしまったり、傷ついてしまったりするような言葉があります。女性から注意されたり、怒られたりすると、めげてしまうような言葉があるのですが、そういうものを、「蛙《かえる》の面《つら》に何とか」のように、パンッと弾《はじ》き返すようなタイプの女性は、上に上げても、だいたい周りから文句が出ません。男性からも文句が出ず、女性からも文句が出ないのは、そういうタイプの方であったように思います。

「多義性」と「変身能力」を身につけることの大切さ

大川隆法　また、今も同じかどうかは分かりませんが、基本的に、男性を上手に手玉《てだま》に取れないと、出世して、女性リーダーをするのは難しいでしょう。

男性はプライドを持っているのですが、男性のなかには、「能力がなくても、プライドだけはある」という人もいるわけです。

さらに、男はみな、〝槍《やり》〟を持っているため、とにかく、その〝槍〟を持って〝戦《いくさ》〟に突《つ》っ込んでいくというところに「プライド」が表れます。〝槍〟が上手か下手かは別として、プライドだけは持っているため、女性リーダーは、プライドを持っている男性たちを、うまく手玉に取れなければいけないわけです。

そういう意味では、学問としての心理学と同じではないものの、男の考え方や心理学について、もう少し勉強する必要はあると思います。

それと同時に、同性である女性から、「彼女は、〝第三の女性〟、〝第三種類〟であって、自分たちと同じではない」などと言われて突き放されないように、上手に交際することも必要です。

これは、言葉を換《か》えて言うならば、「二面性」「三面性」というか、「両義性」、あるいは「多義性」ということであり、そうしたものを持つことが必要になるでしょう。その意味での器用さが求められるのです。

したがって、「男性の心になれ」と言われれば、男性の心を理解して表現できるし、「女性の心になれ」と言われれば、女性の心を理解して表現できる。さらに、「男でも女でもない存在になれ」と言われれば、そのようにもなれるという「変身能力」を身につけないと、リーダーになることは難しいと思うのです。

仕事には必ず「期限」と「達成すべき目標」がある

大川隆法　さらに、学生であろうと、社会人であろうと同じですが、役職を与《あた》えられたり、仕事の立場を与えられたりしたときに、その役職や仕事の立場に応じて客観的に要求されるものがあります。これは、男であろうが女であろうが同じであって、客観的に要求されるものに対し、目的合理的な判断や行動ができるかどうかということが非常に大事なのです。

この点について、もっと簡単に述べてみましょう。

例えば、会社に勤めている場合、たいてい、「売上目標」や「利益目標」、あるいは「在庫を減らす目標」など、それぞれの部署で、いろいろな目標が出ていると思います。

これに対しては、男も女も関係ないのであって、やはり、そういう立場に立てば、それをこなしていかなければなりません。

そのため、「仕事に関する目標管理」や「遂行度管理《すいこう》」、「達成完了《かんりょう》の確認」、あるいは、「上司に対するきちんとした報告」などが必要になります。

例えば、「着手報告」「中間報告」「完了報告」などがきちんとできたならば、女性であっても、男性と変わらないどころか、下手な男性よりはよくできるでしょう。

世の中には、男性であっても、「この仕事をしなさい」と言われて、仕事を受けたあと、その仕事をしたのか、しなかったのか分からないような人がたくさんいます。そういう人は、クビにならないかぎり、クラゲのように、幾らでも生きていけますが、仕事には必ず「期限」があり、さらに、「達成すべき目標」があるのです。

男性よりも仕事ができる女性になる鍵《かぎ》は「推測」と「報告」

大川隆法　それが明示されていなかった場合、ボス（上司）の立場に立って、「この仕事を、いつまでに、どのくらいのレベルで、どの状態まで仕上げてほしいと思っているのか」ということを訊《き》くか、訊けるような関係になければ、guess《ゲス》（推測）しなければいけません。

したがって、まずは、「ボスは、私にこの仕事を投げてきたけれども、これは、いつまでに、このレベルで、ここまで完成させなければいけないだろう」という推定があり、それに基《もと》づいて目標を設定して、自分なりに業務遂行管理をきちんとし、ディシプリン（規律）をつくって取り組んでいくことです。

そして、「着手報告」「中間報告」「最終報告」をし、さらに、最終の結果が失敗であっても、成功であっても、「こういうプロセスでノーになった」「こういうプロセスでイエスになった」、あるいは、「条件が加わって、このように変わった」という最後の〝詰《つ》め〟の部分までピシッと報告できたならば、女性であっても男性より信頼《しんらい》されます。

一方、中途半端《ちゅうとはんぱ》な男性というのは、だいたい、仕事をもらったら、「自分は、この仕事について、全部を任された」と思い、自分流にやってしまうのです。その上、結果も分からないままで、うやむやに終わってしまうところがあり、あとから、それが分かるようなことがあります。

逆に、仕事を任せた場合、何も訊かなくても、仕事がそのままできるのであれば、それは立派な人です。それが、本当に仕事ができる人であり、信頼に値《あたい》する人でしょう。ただ、そういう、「阿吽《あうん》の呼吸」で仕事ができるような人は稀《まれ》であり、少しはいますけれども、世の中にそれほど多くはいません。

もちろん、いつも期待以上の仕事をし、成果をあげていく人もいますが、そういう感じが必要だと思うのです。

したがって、「仕事に基づいて、客観的に要求されるものを忠実にこなしていく。仕事を客観的にこなしていくことに対して、男女の違いは関係ない」という気持ちで取り組んでいれば、自分の部下に当たる位置にある人、あるいは、フォロワーに当たる人は、たとえ男性であってもついてくるようになるでしょう。

ところが、感情に流されて、「今日は、ちょっと気が乗らないの」とか、「今日は、雨が降っていて、調子が悪いから駄目《だめ》なの」とか、「台風が近づいているから駄目なのよ」というような、いいかげんな感じだと、ついていくべき上司としては忍《しの》びないところがあるのです。

男性でも、そういう〝くだらない男性〟はたくさんいますが、女性の場合、特に、「やはり、感情の動物なのだな」と思われて、偏見《へんけん》を持たれることがあります。

そのため、そういうこととは関係なく、仕事をこなしていくことや、イレギュラリティー（普通とは違う何か）の発生を織り込んだ上で、仕事を固めていくことが大事でありましょう。

例えば、私は、ポンッと仕事を投げ、そのあと何もしなくても、自分がするのと変わらないようにやってくれる人、あるいは自分以上にやってくれる人ならば、「別に何も言わないタイプ」です。

ただ、それができないのならば、先ほど述べたように、「中間報告」や「最終報告」等を、ブリーフ（要約）のようなものでもよいから、きちんと上げることが大切であり、そういう人に対しては、「この人は、しっかりしているな」と感じます。

一方、仕事がうやむやになって、そのまま放置していられる人というのは、締《し》まりが悪い人であり、「いまひとつかな」という感じを、私は受けるのです。

在家《ざいけ》時代の経験①――金銭《きんせん》に関して「信用」があった私

大川隆法　先ほど、「私の頭は粗雑《そざつ》である」という話をしたあとなので、言いにくい〝変身〟ですけれども、私自身は、かつて商社に勤めていたため、在家《ざいけ》の経験もありますが、ある意味での「信用」はあったように思います。

当時、私は、「財務本部」というところで、金銭《きんせん》にかかわるような仕事をしていたのですけれども、財務・経理系のほうでは、基本的に、お金をごまかすようなタイプの人を弾《はじ》き、入れないのが普通なのです。

このあたりについて、人事のほうは、「そういう適性があるタイプの人かどうか」を、勘《かん》でしっかり見破っていると思います。

私は、「お金をごまかす」などという気がまったくなかった人間であり、そういう意味での「安心感」があったようです。

在家時代の経験②――いつも「社長権限」まで持って交渉《こうしょう》をした

大川隆法　また、私に交渉事《こうしょうごと》をさせた場合、上司よりも、まずい結果になるということは、まずありえませんでした。そのため、難しい案件になると、私のほうに回ってきたのです。

要するに、〝必殺仕事人〟か〝必殺仕置《しお》き人〟か知りませんけれども、「相手の急所に、針をプスッと一刺《ひとさ》しして殺し、フッと通りすぎていく」というように、〝最後の殺し合い〟ではありませんが、だいたい、私は〝最後の弾《たま》〟として出ていくことが多く、相手は、「もう、どうにも敵《かな》わん」という状態でした。

「ゴジラ」か「鉄人28号」の〝出陣《しゅつじん》〟ではないけれども、とにかく、難しい交渉で、ややこしくなり、デッドロック（交渉などの行き詰まり）に乗り上げて、「どうなるか分からない」という段階になったら、会社のほうは、「あいつに判断を任せて、交渉させ、決着するところで終わりにしよう」と考え、私に交渉を投げてくる気《け》があったのです。私が斬《き》り込んで、相手を斬り倒《たお》せないのなら、「そこで妥協《だきょう》するのはしかたがない」という判断があったようで、そういうことを任されました。

そのため、私はいつも、自分が持っている権限の「十倍ぐらいの権限」を発揮していたのです。権限の規定はあるのでしょうが、それは見ないことにして、いつも「社長権限」まで持って交渉をしていました。

商社は銀行とは違うため、社内の内規で本当はしてはいけないことでも、「結果オーライ」だったら、なかったことにする傾向《けいこう》があります。

例えば、為替《かわせ》などでも、それぞれに信用限度があるのですが、二十代の若い人でも、一日二十億円や三十億円などの枠《わく》を持っていて、為替を買ったり売ったりしているところがあるので、かなり大きな権限を持っているわけです。さらに、海外勤務などになると、このあたりは、多少チェックが甘《あま》くなりますので、独断でできる面は、さらに多くなります。

そのため、商社は、結果的に成功した場合、要するに、「商談が成立する」、あるいは、「利益が出る」という結果が出た場合、いちおう、上司に呼びつけられて、「おまえは、無断で、勝手にこんなことをしたな！」と怒られるのですが、なぜか、年度末になると昇給《しょうきゅう》していたり、ボーナスが増えていたりすることがありました。そういう複雑な体系だったのです。「口では怒られても、賞与《しょうよ》の額は上がっている」という、変なところではありました。あるいは、「結果が悪ければ、すべて悪い」というところがあったのでしょう。

先ほど述べたように、権限にも、「仕事に基づく権限」というものもありますが、やはり、能力に応じて権限を取れる部分はあるのです。

在家時代の経験③――採算のよいシステムに切り替《か》えていった

大川隆法　仕事がよくできる人は、本当は、上司の許可を取らなければいけなかったり、上司がやらなければいけなかったりするような仕事でも、どんどんどんどん取っていく気《け》はありました。

その結果、成功し、それが続いていくようならば、やはり周りがついてくるというか、信用してくるところがあったのです。そういう意味の「結果に対する信頼」は、必要だったのではないかという感じはあります。

そのため、私が通っていったあとは、全部、黒字になるのです。

例えば会社へ勤めていたときならば、私が通っていったあとは、全部、黒字になっていき、さらに、いつの間にか「採算の悪いシステム」が「採算のよいシステム」に切り替《か》わり、システムがすべて変わっていったのです。〝無許可〟でやっている可能性もかなり高いのですが（笑）、いつの間にかシステムが切り替わっていきました。

また、取引している銀行のほうの利益が、いつの間にか、少しずつ減っているというスタイルになってはいたのですが、銀行の担当者はみな、それを〝信仰《しんこう》の世界〟で信じさせられて、いつの間にか、私の交渉を呑《の》んでいるような状態になっていましたね（会場笑）。

私には、ビル・ゲイツ的な才能が多少あったのかもしれませんが、交渉しているうちに、「こちらが言うことは本当だ」と、何となく相手が信じるようになってき始めるのです。本当は「ゼロサム関係」なので、銀行のほうに損が出て、こちらに利益が出ているのですが、いつの間にか、それが当然であるかのように〝洗脳〟されていました。自分たちで上司に〝虚偽《きょぎ》〟報告をたくさん書きながら損を出しているような銀行が、数多く出ていたわけです（会場笑）。

私が通っていったあとは、だんだん、だんだん、そのようになっていく傾向がありましたね（笑）。

「自由の領域」「裁量の範囲《はんい》」を広げる方法とは

大川隆法　そういう意味では、「仕事の権限」に忠実に取り組むことも大事なのですが、次は、それを乗り越《こ》えて、「もっと上の人たちが、本当に要求しているものは、何であるか」ということを予想し、読み、それを実現してのけることが大切です。

「仕事が下りてきてから、その権限を果たそうとしてやる」というのは、普通の、よくできる人のレベルです。

しかし、もっとよくできるようになれば、「この仕事は、おまえにならできるのではないか」と言って仕事が下りてくる前に、「次は、こういう仕事が必要だ。会社として、次はこういう仕事をやらなければいけない」ということを読んで、スタートを切ってやり始め、結果を出していくのです。

そうなると、だんだん、「自由の領域」というか、「裁量の範囲《はんい》」が増えていきます。逆に、そのようになっていかないと、やはり、部下が大勢増えていくタイプの人間にはならないのです。

「イマジネーション能力」はできる社員の条件

大川隆法　ここまでに、いろいろなことを述べてきました。

女性特有の問題もあるとは思いますけれども、基本的には、仕事に対して、目的合理性を持ち、業務を遂行していくこと。そして、リーダー的な立場に立ったときに業務をピシッとやっていく態度を貫《つらぬ》けば、男か女かにかかわらず、人はついてくるところがあります。

ただ、管理職になるためには、「人間学」について学んでいかなければいけません。

さらに、もっとできるようになるためには、やはり、「自分の直属の上司ではなく、もっと上層部の人がしなければならないことは何か」ということを、いつも考えておくことです。

自分が、もっと上層部なら、「次の仕事として、これをスタートさせなければいけない」「その命令を出さなければいけない」というようなことにも、いち早く気づいて、手を打ち始めることです。こういう人は、本当に、「できる社員」だと思います。

例えば、私は、今、「青春マネジメント——若き日の帝王学《ていおうがく》入門——」という題で述べているわけですが、これは、「幸福の科学大学ができて、千葉キャンパスにて学生生活、寮《りょう》生活が始まったときに、幸福の科学大学の理事長が、『舎監《しゃかん》をつけなくてはいけない！』と怒りまくるような、いろいろな事件が発生したらどうするか」ということまで考えて仕事を始めているのです。つまり、何年か先に必要になることを、今、すでに述べているということです。

そういう意味での「イマジネーション能力」が、多少はないと、後手後手《ごてごて》になってしまうでしょう。そうなるようでは、仕事としてはよくありません。「不祥《ふしょう》事《じ》や問題が起きたあとで、それについて考える」ということでは遅《おそ》いのです。やはり、先を読んでいかなければいけません。先を読んで、それを実現していく準備をしていくことです。

また、もし、声がかかって、「こういうことに対して、何か考えがあるか?」と言われたときに、「それについては、すでに案ができています」と、いつでも言えるぐらいの準備ができているというのが望ましいでしょう。これは、かなり先見性があります。

そのように、業務の遂行に忠実で、さらに先見性があれば、言うことはありません。

さらには、「社長であれば、当然、出さなければいけない方針」のようなものを、すでに分かっている末端《まったん》社員というのは、すごく〝怖《こわ》い〟ものです。それはそれなりに大したものですが、やはり、そういう人もいるわけです。もちろんそういう人は、幹部に上がっていくべきでしょうけれども、そういう人が上がっていかないようであれば、その組織の発展は遅《おく》れていくと思います。

そのため、組織全体としては、そういう人を見抜《みぬ》いていく素地《そじ》をつくっていかなければいけません。

男女の適性《てきせい》によって分けたほうがよい仕事もある

大川隆法　また、仕事に関しては、男女の適性《てきせい》というものもあるとは思います。

例えば、私は、男性の秘書たちに対して、「膝《ひざ》をついて、お茶を入れてもらいたい」とは思いません。男女差別ではありませんが、残念ながら、やはり、「気分の問題」はあるのです。

「では、女装《じょそう》して出てきたら、いかがでしょうか？」と言われた場合はどうでしょう（会場笑）。タイあたりでは、そういうこともあるかもしれませんが、女装した秘書では、「そういう趣味《しゅみ》がある」と周りに誤解されかねないことになります。例えば、当会の男性職員が、「〝外の世界〟では役に立たない。女装させて秘書室長ということにするか」というような話もあるかもしれませんが（会場笑）。

冗談《じょうだん》はさておき、一般《いっぱん》的には、男女で仕事を分けたほうがよい面もあることはあるので、それは受け入れなければいけない面もあるとは思います。

ただ、基本的に、「男性、あるいは、女性でなければできない」という仕事はあまりないでしょう。

今は、工事現場でも、女性がヘルメットをかぶって仕事をしている時代です。筋力の差はあるかもしれませんけれども、人を口で使う仕事であれば、女性でもできるわけです。

そういう意味で、まだまだ可能性がありますし、先ほど述べたように、仕事できちんと結果を出していくことや、あるいは、先見性を持つことが大きな力になっていくでしょう。そのような認識力が大事だと思います。

4　学生の「自由」と「規律」のバランスについて

「校風」を決めるものとは何か

C――　学生における「自由」と「規律」のバランスの問題を、大学を運営する側の視点から質問させていただきます。

私は、先日まで総本山《そうほんざん》・那須精舎《なすしょうじゃ》（幸福の科学の研修施設《しせつ》）で館長をしていました。その立場から、幸福の科学学園生の姿を見ておりましたが、「あまり自由にさせすぎると、中道《ちゅうどう》からずれてくる面があるし、逆に、押《お》さえつけすぎると、伸《の》び伸びとした感じがなくなり、気の毒な面がある。このあたりのバランスの取り方は、非常に難しいな」と感じました。

幸福の科学学園のほうでは、そのあたりのバランスを非常にうまく取っていると思うのですが、大学生となると、「個人の自由度」や「自己コントロール」の面が、もう一段、大事になってくるかと思います。

例えば、大学生になると、恋愛《れんあい》問題や飲酒問題などもあると思いますので、こうした、「自由性」と「規律」のバランスの取り方について、アドバイスを頂ければ幸いです。

大川隆法　「校風」については、いろいろな要素が加わってくるため、とても難しいと思います。

那須連山のふもとに開山した「総本山・那須精舎」（写真・右）。広く美しい境内には、幸福の科学の教育理念のもとに創られた「幸福の科学学園那須本校」（写真・左）が併設されている。

幸福の科学学園には、「那須本校」と「関西校」とがありますが、もし、学園の規律だけで考えるならば、どちらででも同じような人たちが育つはずです。

ただ、二校には、環境《かんきょう》に少し差があって、那須本校は山のなかにありますが、関西校は、琵琶湖《びわこ》の畔《ほとり》にあるので、抜《ぬ》け出そうと思えば、夜や土日に、けっこうなところまで抜け出せる可能性があります。うまくいけば、大阪《おおさか》・神戸《こうべ》辺りまで抜け出せないこともありません。

そのため、環境要因のほうが重視されるとしたら、関西校のほうに不祥事《ふしょうじ》が多発するはずです。今、私は、これについて注目して見ているところですが、まだ、特に報告はありません。

「那須本校よりも関西校のほうが不祥事だらけ」ということであれば、やはり、環境要因も影響《えいきょう》することが分かるでしょう。

もし、環境とは関係がないのであれば、やはり、内部の規律の問題であり、

「コントロールができる」ということだと思います。

豊島岡《としまがおか》女子学園に見る「環境《かんきょう》が校風に及《およ》ぼす影響《えいきょう》」

大川隆法　幸福の科学学園関西校の周辺を見ると、少し車で走っただけで、すぐにパチンコ屋などがあったりしますから、今後、中学・高校で六学年が揃《そろ》ったら、生徒があちこちで警察に補導される前に、先生が身柄《みがら》を確保しにいかなければいけないこともあるかもしれません。

中学生がパチンコ屋でパチンコを打っていたら、先生は、警察に捕《つか》まる前に、補導しなければいけないでしょう（会場笑）。

例えば、私の長女は、池袋《いけぶくろ》のほうにある豊島岡《としまがおか》女子学園に通っていました。そこは、いちおう理系的な女子進学校でしたが、下校時間になると、暴力団と対抗《たいこう》できるような、体の大きな体育会系の先生がたが、池袋駅の周辺を〝徘徊《はいかい》〟していたのです。生徒が、変な男などに誘《さそ》われたりしないように、生徒を見つけたら、「真っ直《す》ぐ家へ帰れ！」と言うためでしょう。

「真っ直《す》ぐ家に帰りなさい」というのが学校の方針のため、とにかく、電車に乗せて、家に帰すために、体育会系の先生たちがウロウロしていたわけです。

学校の場所は、池袋の繁華街《はんかがい》というか、風俗《ふうぞく》街があるほうではなかったのですが、少し歩けば、そちらのほうに行けるため、学校のほうは、そういうところを非常に気にしていました。

ほかにも、生徒の髪《かみ》が長くなったり、あるいは、スカートが膝《ひざ》上まで短くなったりしたら、すぐに〝抑止力《よくしりょく》〟が働いて、先生に、髪の毛の長さや、スカートが膝から何センチ上かを測られ、注意を受けていたようです。

そのように、校風というものもあるので、「自由と規律の問題について、どういう結論を出すか」は、とても難しいと思います。

「外に出ている情報」と内実《ないじつ》に違《ちが》いがあった開成《かいせい》

大川隆法　私の次男と三男は、それぞれ、開成《かいせい》と麻布《あざぶ》へ行ったのですが、この二校は、校風が全然違《ちが》う学校でした。

事前の情報では、「開成は、軍隊のように規律正しく、海軍の予科練《よかれん》のようなところがある、きちんとした学校だ」とのことで、褌《ふんどし》を着けて、水泳の教練をすることもあるらしく、次男は、いちおう褌で泳いだことがあるそうです。

また、運動会も有名で、テレビ局などが入って放送したりもしていました。

開成では、半年前から準備が始まり、「その運動会の一カ月前には塾《じゅく》から開成生が一斉に〝消える〟ぐらい熱心にやっている」と言われているようで、私は、そう信じていたのですが、次男が通っているときにはそうではなかったのか、運動会の当日、彼は、午前中には家に帰ってきていたのです。

「あれ？　なんで家にいるんだい？」と訊《き》いたところ、「僕《ぼく》の出場は、朝一番のレースで、一周走るだけだったから、それで仕事は終わったので帰ってきた」と言っていました。

私は、「そんなことがあっていいのか。全校生を八チームに分けて、どこが勝つか、点数を競争しているなら、自分のチームを応援《おうえん》して、その結果を知る必要があるのではないか」と言ったのですが、「いや、最後には分かるし、結果が出たときに報告がくるから、それでいい」と言って、トラックを一周、走っただけで家に帰ってきていたのです。そのため、「開成でも、そうだったのか」と驚《おどろ》きました。

さらに、開成には、八キロを走る「開成マラソン」というものがあります。

私も、入学の書類などを見ていて、「これは、少しきついな。学校でも塾でも勉強してヨタヨタの生徒を、八キロも走らせると、〝死ぬ人〟が続出するのではないか。自分は、高校時代に、そんなに走れただろうか。もし、自分がここに入るとしたら、マラソンがネックになったかもしれない」と思っていました。

ところが、次男に訊いてみると、「全員、走っているわけではなくて、歩いている人は歩いているし、電車に乗り、途中《とちゅう》で降りて先回りし、時間調整してから走り始める人もいたりするらしい。手はいろいろあるんだ」と言っていたため、「ああ、なるほど。頭がいいなあ。途中からバスや電車に乗って追いついたり、あるいは、歩いたりしているのか。いろいろな方法があるらしい」ということを知り、「どうやら、外に出ている情報が、すべてではないらしい」ということが分かりました。

麻布《あざぶ》の「自由な校風」が育てるものとは何か

大川隆法　一方、麻布《あざぶ》では〝徹底《てってい》〟していて、「中学生・高校生には、お酒を飲ませない」などという規律がしっかりしているようです（会場笑）。

例えば、部活の合宿で、雪のあるところなどへ行ったりすると、寒いので、どこからともなく、お酒が出てくることもあるのかもしれませんが、先生はそれを見つけたら、当然、「飲んでは相成《あいな》らん」と叱《しか》ります。

しかし、麻布では、「ついては、俺《おれ》が、全部、没収《ぼっしゅう》して飲んでやる」と、先生がお酒を飲んでいるようなので、そんなことで退学になることはいっこうにない学校のようです（笑）。

彼らは、一定以上、羽目《はめ》を外さないように、「上手に緩《ゆる》めながら収《おさ》める術《じゅつ》」を身につけさせているのだろうと思います。

おそらく、そのあたりに、「世の中へ出てからの遊泳術《ゆうえい》」につながっている部分があるのでしょう。

学校側は公式には認めていませんが、非公式には、いろいろなことをやっているのかもしれません。

「先生が取り締《し》まったことにするから、あとは、自分たちで考え、『行ける』と思うところまでやりなさい。あとは知らないよ」というような校風であるようです。

そのため、一学年に、三百人の生徒が入ったら、六年後には、二百九十九人ぐらいの生徒が卒業しているようなので、生徒たちは、そうとう勝手なことをやっているのだろうとは思いますが、卒業できているようではあります。

要するに、学校のほうで、何か見つけても、あまり退学ということにはしないのでしょう。

開成のほうは、「万引きを一回しただけでも停学処分になった」という人が、けっこう出たりもしていたようですが、麻布の場合は、なぜか、警察のご厄介《やっかい》にならずに済むところで、うまい具合に「収める技術」を持っています。

そういう方は、のちに、政治家などになるのが、うまくなっていくのでしょう。「政治家になり、法律をつくりつつ、法律に違反《いはん》しながら、当選を重ねて、大臣になっていく」ということができない人は政治家になれないらしいのです。「法律をつくりながら、自分のつくった法律を破り、当選を重ね、人の上に立つ。人に注意をしながら、自分は捕まらない」。こういう〝遊泳術〟が、世の中では、実に大事らしいのですが、こうしたことは、当会に、少し足りないところかもしれません。

教師と生徒が確認しておくべき「合意点」とは

大川隆法　今まで述べてきたことを踏《ふ》まえて、「幸福の科学大学では、どうするか」ということですが、実に難しいところです。

大学の職員や教員、それから見張り要員等は、全力を尽《つ》くさねばならないと思いますが、全力を尽くしても、知能のある人はチームを組んで、「それを破ろう」と計画してくる可能性は、当然あるでしょう。そのため、その都度《つど》対応して、「どちらが賢《かしこ》いか」という競争をし続けなければ駄目《だめ》なのではないかと思います。

例えば、各国の原子力発電所の原子炉《げんしろ》は、どこも警戒《けいかい》が厳重であり、福島での原発事故があって以降、警備がますます厳重になっていると思いますが、そんななか、原子力に反対している団体のお年寄りたちが侵入《しんにゅう》し、堂々と入り込《こ》めるところを証明して、「危険性を指摘《してき》する」などという運動が行われていました。

確かに、夜中や嵐《あらし》の日に入ってこられると、分からないことがあるでしょう。嵐の日であれば、いろいろなことが原因で警報器が鳴っていることもあるかもしれません。そのようにして、「イタチごっこ」をやっているようです。

片方は、「どんなに厳重な警備をしても、侵入できるのだから、原発などは危険だ。テロ犯に盗《ぬす》み出されたら、どこで、どう使われるか分からない」ということを証明したくて侵入してくるし、もう片方は、そうされないように、あらゆる警報・警備システムを組んで、何かあったら、警察が飛んでこられるようにしているわけです。ただ、それでも破られて、よく侵入されているようです。

これと似たようなもので、〝開放された土地〟においては、かなり厳しいものがあり、学生を檻《おり》のなかに入れないかぎり、そう簡単には管理ができない部分があると思うのです。

　これは、「自由を確保しよう」とする者と、「規律を守らせよう」とする者との、知恵《ちえ》の限りを尽くしたせめぎ合いだと思いますが、「もはや、社会的に使ってもらえないところにまで追い込まれることは、ないようにしたほうがよい」というあたりを「合意点」として、取り組まなければいけないでしょう。

　教職者や管理をする立場にある人としては、もちろん、生徒に法律や学校が定めた規則を守らせようとする努力はしなければいけません。

　ただ、やはり学生であるので、そのへんをいろいろなかたちで破ってくることが推定されます。

　そのため、それについては、「●随犯随制《ずいぼんずいせい》」で、いろいろと網《あみ》をかけていかなければならないでしょうが、さらに、それも破られてくるとは思うのです。

●**随犯随制**　仏教用語で、何か問題が起きた場合、その都度、これを制止する規定を設けること。

「禁止」されると破りたくなる気持ちへの対処法

大川隆法　教師のほうとしては、生徒のその後の人生が、社会的に葬《ほうむ》られない程度のところで抑《おさ》えるように、規律を守らせなければいけないし、学生のほうとしては、「俺を、警察に何回も調書を取られるほどヘマをするようなバカだと思っているのか」という啖呵《たんか》が切れるぐらいの知能は欲《ほ》しいところです。

ちなみに、幸福の科学大学の建設予定地である所には海岸もあり、「遊泳禁止」や「飛び込み禁止」のところもたくさんあると思いますが、これもまた、頭の痛いところでしょう。実は、私の長男も、それに引っ掛かったことがあります。

当会の学生部が、千葉正心館《しょうしんかん》（幸福の科学の研修施設）で合宿を行った際、監《かん》督《とく》をしていた女性幹部が、「海に飛び込んではいけません」と放送したときには、すでに、長男は海に飛び込んでいたそうです（会場笑）。

「彼は、やはりやったか。やるだろうと思っていた。『飛び込み禁止』と言ったら飛び込むだろうと思ったけれども、案《あん》の定《じょう》、飛び込んだ」と言われていたようで、うちにも〝悪いの〟がいるため、強くは言えないのですが、そういう大人に対する反抗期においては、だいたい、禁止されると破りたくなるものなのです。

したがって、教師たちは、生徒に対して「反発」だけではないかたちで、上手に違うものへ関心を向けさせ、そちらのほうに時間を集中させるように指導しなければいけません。

ただ禁止するだけでは駄目であり、何か別のものに

太平洋を見渡せる九十九里浜の一角に立つ「千葉正心館」（写真・右）では、幸福の科学の学生部が集い、合宿を行うこともある。

対する「意味付け」をしたり、その大事さを「教えたりすること」も必要ではないかと思います。

「時間」をつくり出すために私が実践《じっせん》したこと

大川隆法　例えば、勉強も、押しつけられると非常に嫌《いや》なものですが、自分が好きなことに関する勉強は、進んでやるところもあるのではないでしょうか。

私も、昔から、基本的に一貫《いっかん》して変わらないのは、「時間を惜《お》しんで勉強する」という態度です。

ただ、私の場合、勉強というより、本を読んでいるだけですが、そうは言っても時間を惜しまないかぎり、本をたくさん読めません。いかに時間をつくり出して本を読むかが大事であり、やはり、時間がなければ本は読めないのです。

そこで、時間をつくり出すために、欠けるだけの義理を欠いたし、無駄なことはできるだけせず、無駄な費用もできるだけ削《けず》って、本代に充《あ》てていたところもありました。

また、規則正しい生活をし、できるだけ朝型に変えていくと、非行率・犯罪率は減っていく傾向《けいこう》があるそうなので、できるだけ、「朝型人間」に変えていったほうがよいでしょう。

先ほど、私自身について、「不真面目《ふまじめ》な学生であった」というような言い方もしましたが、何十年もたってから気がついてみると、履修《りしゅう》した授業についてては「無遅刻《むちこく》・無欠席」だったのです。意外にも、私は、全然休んだことがありませんでした。

さらに、自分が高校時代まで「体育会系」だったという事実に、五十代になって初めて気がついたのです。

「あなたのような人を体育会系と言うのだ」と言われて、「ああ、そうだったのか。知らなかった。自分では、『勉強ばかりしていた』と思っていたのに、体育会系だったのか」と気がつきました。

都会の進学校では、週に一回ぐらいしか部活をせず、それも、高二の一学期で辞《や》めてしまうようです。

これが、都会における進学校の通常のスタイルであり、「週に六日間も部活をやって、日曜日には試合をする」というスタイルは、完全に体育会系と判定されるのです。私は、五十代になって、「自分は体育会系だったらしい」と分かりました。

さらに、自分では、そんなに真面目な学生だと思っていなかったのですが、実は、「無遅刻・無欠席」だったのです。

授業は、朝の八時半ぐらいからだったと思いますが、先生によっては、途中から入られるのが嫌《いや》なので、時間になるとドアを締めて、生徒を締め出す先生もいました。

京極純一《きょうごくじゅんいち》という政治学の先生は、いつもドアを締めることで有名な人で、東大の九百番教室で授業をやっていたのですが、八時半に〝一秒〟でも遅《おく》れたら締め出されるのです。しかし、当時、私は、一度も締め出されたことがありませんでしたので、きちんと起きていたのでしょう。

ちなみに、私の兄も驚いていたのですが、私は、「目覚まし時計をかけないで、朝の六時半ちょうどに、ピシッと起きられる男」でした。そのことを、兄が京大の友達に話したところ、みな、「そんな人間が、世の中に存在するなどということは信じられない。『気がついたら午後になっていた』とか、『夕日が沈《しず》んでいた』とかいうのが普通《ふつう》だ。目覚まし時計もかけずに、朝の六時半に起きられる男がいるなんて、そんなことは、何度言われても信じられない」と言ったそうです。

しかし、現実にそのとおりで、目覚まし時計をかけずに、六時半ちょうどに目が覚めました。体内時計の関係かもしれませんが、それが、ずっと続いていたのです。

休日も普段《ふだん》と同じように起きる習慣を持つ私の体験

大川隆法　ただ、会社へ入ってからは、面倒《めんどう》なこともありました。在家《ざいけ》時代、会社の寮《りょう》が千葉のほうにあったため、みな、普段《ふだん》は早く起きていましたが、週末の朝は、ゆっくりしていたわけです。

ところが、そうしたことを知らなかったため、初めて同じフロアにいる同期の女性を、頑張《がんば》ってデートに誘ったときに、朝の八時に誘《さそ》ってしまったのです（会場笑）。

私の場合、毎朝、六時半に起きているため、休日の日曜日でも、六時半に起きており、ひと通り、支度《したく》も終わっていました。

朝ご飯や着替《きが》えを終え、いつでもデートできる状態になり、寮のなかからでは少しかけづらいので、公衆電話まで行って、朝の八時に相手の家に電話をかけたのです。

すると、お母さんが出て、「ちょっと待ってください。起こしてきます」と言われて、しばらくすると彼女が二階から下りてきて電話に出たのですが、「朝の八時からかけてこないでよ！　まだ寝《ね》ているに決まっているじゃないの！」と怒《ど》鳴《な》られました。

私は、「女性が、朝の八時に寝ている」などと想像もしておらず、「女性は勤勉だから、きちんと起きているものだ」と思っていたのです（会場笑）。

ちなみに、今、私の周りにいる秘書たちもきちんと仕事をしていますが、土日に行事が多いため、月曜日に休みを取る人が多いという状況《じょうきょう》です。

ところが、あるとき、「〝坂本龍馬《さかもとりょうま》に似た方〟は、休日には、十一時ごろまで寝ている」という噂《うわさ》を聞いたので、本人に、「休日には、十一時ぐらいに起きるという噂があるけれども、本当なの？」と確認したところ、「そんなことは、ありえません！　十時には起きているはずです。そのあと、まどろんでいるかもしれないけれども、いちおう、十時には起きています。十一時というのは間違いです」と訂正《ていせい》を求められました（笑）。

ただし過去には、そういうこともあったのですが、今は、そういうことはできないようになっているようです。

いずれにしても、私は、休日でも普段と同じように起きているので、朝の八時にデートの申し込みをしたところ、相手に怒鳴られて萎縮《いしゅく》してしまい、その後、二度と電話をかけませんでした。

「使える時間」をひねり出すための「よき習慣」の大切さ

大川隆法　また、私は、「一日も無駄にしない」という意味では、非常に勤勉《きんべん》だったので、規則や習慣によって、できるだけ生活のリズムや自分のやるべきことを決めていたのです。

理系の人は、実験にかかる期間なども長いため、それこそ時間が必要だと思いますが、習慣でもって勉強していくようなシステムを、自分なりにつくっていくとよいでしょう。そういう習慣をつければ、自動的に、そうできるようになっていくところがあります。

単に、「これは、やってはいけない」と言うばかりではなく、そういう、よい習慣をつくって、自分でそれを有効利用していくようなかたちの「時間の使い方」を教えていくことが大事なのではないでしょうか。

結局は、「使える時間」を多くひねり出した人が、勉強でも、仕事でも、その他、趣味《しゅみ》でも、何でもよいのですけれども、多くの時間を使うことができるわけです。

私も、会社勤めをしていたので、もちろんゴルフをしたこともあれば、ボウリング大会に参加したこともあります。また、カラオケに行ったこともあれば、お酒を飲みに連れていかれたこともありました。

ひと通り、いろいろなところへ連れていかれましたし、ニューヨークでも名古《なご》屋《や》でもゴルフをしたことがあります。

ところが、そういうことは土曜日が多かったため、それほど好きではなかったのです。

仮に、「朝八時にスタート」とすると、だいたい、お昼ごろに上がります。さらに、みなでお酒を飲んだり、ご飯を食べたり、採点したりしていると、夕方ぐらいになって解散になるのです。

さらに、朝の八時にスタートするのであれば、出かけるのは、もっと早い時間になります。例えば、名古屋に住んでいると、ゴルフ場は、三重《みえ》県などになることが多かったため、そこまで行くには、四時起きなどになるわけです。そのため、一日のほとんどが潰《つぶ》れてしまいました。

ゴルフは、健康によいところもあるのでしょうが、知的ではないように思ってあまり参加せず、どちらかといえば、時間が短くて済むテニスのほうを、ある程度、やっていたのです。

ともかく、「完全に流されてしまわないこと」が大事かと思います。「どうやって自分の時間をつくり出すか」が大事であり、まとまった時間をつくり出すことに成功した人は、何らかの道が開けることが多いのです。

それから、「晩酌《ばんしゃく》の習慣のある新聞記者で、本を書いた人はいない」ということが伝説的に言われていますが、実際にそのとおりだと思います。

夜、お酒を飲むのならば、朝、早起きをする訓練でもしなければ無理でしょう。朝早く起きて書くのならば書けると思いますけれども、夜、晩酌をして、お酒を飲んでしまったら、夜は原稿《げんこう》を書けませんし、朝もギリギリに起きる人であれば、本は書けないでしょう。

では、どうやって、習慣的に時間をつくり出せばよいのでしょうか。

例えば、「二次会には出ても、三次会には出ない。二次会以降は断る」「土日の片方は、絶対に確保する」など、方法はいろいろあると思いますが、そのあたりの時間の使い方が大切です。

あるいは、「移動時間の使い方」等も大事になるのではないかと思うのです。電車やバスでの移動時間がありますが、その際の時間の使い方が大事で、そのためには、いつも手近なところに何か勉強する材料を持っている必要があるわけです。

また、何もなければ、考え事をするなり、景色《けしき》を観察するなり、いろいろしてもよいと思います。やはり、一定以上、考える力が出てくると、新しいところへ行って周りを見ていても、いろいろ気づくことは多いのです。それが、ちょっとしたエッセイのようなものの種《たね》になることもありますし、「話の種」になることもありますので、材料としては、いろいろあると思います。

自分独自の「時間創出術」を身につけることが成功の鍵《かぎ》

大川隆法　やはり自分なりの、独自の「時間管理術」、あるいは、「時間創出術」を身につけなかった人が知的な方面で成功することは、かなり厳しいのではないでしょうか。

理系のほうでも、実験などで長く時間がかかるところもあると思うし、夜中までやるところもあるとは思うのですが、それでも人によって時間の使い方には、いろいろな問題があると思います。

例えば、実験をジーッと注視《ちゅうし》していなければいけないときと、そうでないときとがあるでしょう。

「化学反応が起きるのに、二十四時間かかる」という場合は、いちおう見張っていなければいけないけれども、厳密にジーッと見ていなくてもよいような実験もあるはずです。

そういうときであれば、ほかのことを同時並行《へいこう》で行うことも可能かもしれません。実験を見張りながら、本を読むことも可能でしょうし、英語の勉強をしようと思えばできるのではないでしょうか。

したがって、生徒たちに、「時間をいかにしてつくり出すか」ということに力点を置き、自己管理をする方法を編み出させれば、今、述べた「自由」と「規律」の問題も、自分自身の問題として返っていくと思うのです。

例えば、「寮の部屋が相部屋《あい》になる」とか、「隣《となり》近所がうるさい」とかいうのであれば、早起きをする術を身につけて、みなが寝ているときに勉強すればよいわけです。夜中に人が騒《さわ》いでいるのであれば、さっさと寝てしまうという手もあるかもしれません。

このように、「時間のつくり方」はさまざまにあると思います。

ただ、これに成功しなければ、どの道であっても、人より一歩抜《ぬ》きん出ることは難しいかもしれません。

規律を破ったときに必要な「交渉力《こうしょう》」と「日ごろの信用」

大川隆法　いずれにしても、「自由」と「規律」の問題はありますし、それは、ある程度、この世的にやらなければいけない部分もあると思いますが、生徒が、「自分の自己管理術」を創出《そうしゅつ》して、より創造的な人生が生きられるような道を選ぶ方向に導いていくことができれば幸いであると思っています。

もちろん、一般《いっぱん》的な問題に対しては、「犯罪に当たるようなこと」や「学生であっては許されないと思われるようなこと」は禁じるべきでしょう。

なお、規則を破る以上は、破るだけの覚悟《かくご》が必要になりますし、さらに、規則を破っても学校を追い出されないためには、「交渉力《こうしょう》」についての自信がなければ無理です。やはり、アリバイをつくるなりして、交渉する力がないと無理でしょう。

あるいは、「日ごろの信用」が大事になります。先生がたが、「一回だけだから見逃《みのが》してやるか」と思うかどうか。そのへんには、信用の問題があると思います。裏には、そうした人間力がなければ駄目でしょう。

例えば、何も問題を起こしたことがなく、成績が抜群《ばつぐん》に優秀《ゆうしゅう》で、トップを取っているような子が、何かの打ち上げのときなどに友達に誘われて、たまたまお酒を飲んでしまったとします。

これが発覚してしまったならば、「法律的には、まだ未成年であるため、校則によっては処罰《しょばつ》しなければいかん」ということになるかもしれませんが、今までの態度がずっとよかった場合、学校としては、やはり、何らかの緩和措置《かんわそち》を施《ほどこ》そうとはするでしょう。

逆に、普段から悪いことばかりしていて、「その人がいるところでは、悪いことばかりが起きる」ということであれば、学校側は「これは、チャンスだ」と見て、追い出しにかかるでしょう。「転校を勧《すす》めたい」などと言うこともあると思います。

そのへんは、「人間力」でしょう。社会に出ても同じように交渉力が効いてきますし、同じ社会人でも違いが出てくるのです。

「人間としての信用」の大切さを感じた私の体験

大川隆法　ちなみに、昔、名古屋にいた時代に、私は、会社のテニス部のキャプテンを拝命《はいめい》したことがあります。ただ、土曜日にしか活動しないテニス部であり、真面目にやらないため、対外試合ではほとんど負け続けていました。

また、郊外《こうがい》に練習場があるため、私は、心ならずも日産《にっさん》パルサーを買って運転して行かなければいけなくなったのです。

さらに、テニスに行く日だけ運転するので、上に、落ち葉が積もってしまい、真っ白い車が普段は茶色くなっていました（会場笑）。それで、周りからクレームが続出し、「いちばん後ろに止めてくれ」などと言われて、いつも困っていたのです。

あるとき、テニスもするけれども、ほかの遊びも兼《か》ねて、若い人たちが、独身寮から軽井沢《かるいざわ》へ繰《く》り出そうとしたのですが、やはり、独身の男女だけで行くのでは信用がないため、会社の総務部から許可が下りませんでした。

すると、彼らは、私をたぐり寄せて、抱《だ》き込んでしまい、〝隊長〟に据《す》え付け、「あなたが行くと言えば、絶対に〝落ちる〟から、交渉してきてほしい」と言うのです。

そのため、私は、「そんなに行きたいわけではないんだけどな……」と思いながら、交渉に行きました（会場笑）。

彼らは、「金曜日の夜中に目的地へ着き、土曜日には、お酒も飲みながらパーティーなどをして遊び、日曜日の夜に帰ってくる」という案を立てていたのですが、台風が来ているなか、車を走らせるような、恐《おそ》ろしい強行《きょうこう》スケジュールであり、普通は許可が出ないような計画だったのです。

また、参加メンバーには、普段から睨《にら》まれている人がだいぶまじっており、「独身の男女が大勢行って、会社の施設を使って騒ぐらしい」ということで、信用がありませんでした。

ところが、私は引きずり込まれて、〝隊長〟にさせられ、「『私が行きますから大丈夫《だいじょうぶ》です』と言って、総務部長に交渉してきてほしい」と言われたため、「私が連れていって、責任を持ちます」と言うと、総務部長は、黙《だま》ってハンコを押してくれたのです。

このように、私は、見事な〝使われ方〟をされてしまいました。これでは、〝隠《かく》し要員〟です。

ただ、「私が責任を持ちます」と言ったら、それで通ってしまったので、「使い出がある」という意味では、妙《みょう》な信用があったのかもしれません。要するに、責任が総務部長から私のほうに移動し、「彼が責任を持つと言ったために通した」と言えば、向こうはクビにならないという確信を得たのでしょう。

本当は、どうなるか分からない計画だったのですが、そういうことも請《う》け負ったことがあります。

やはり、人間、信用が大事ですので、学生にも「時間管理術」・「創出術」と同時に、「人間としての信用が大事だ」ということを、しっかり教えることも必要です。

「この人がいるのなら、そこへ行って遊んだとしても大丈夫だろう」とか、「泊《と》まりがけで行ったとしても大丈夫であろう」とか、「海水浴をしたとしても、危険なところには立ち入らないようにするだろう」とか、「適切な判断が働くだろう」とかいうぐらいの信用が必要になるのです。

そういう意味で、「人間としての信用をつけることも大事だ」と学んでおくことが必要でしょう。

最後は、雑談風になりましたが、以上を、「青春マネジメント――若き日の帝《てい》王学《おうがく》入門――」の質疑応答とします。

何らかの参考になれば幸いです。

あとがき

この甘酸《あまず》っぱい「青さ」は何ともいえないものがある。

学生時代の私は、友人たちから、「天才肌」「大正教養主義時代の人」「天然記念物」「異邦人」「黙っていればもっと偉く見える人」等々、言われ放題であった。

ただ、ある種の「責任感の強さ」や「大きさ」は皆、認めてはくれていた。東大の同期は約三千人いたが、三十数年後、私が一番有名人にはなったことは誰もが認めてくれている。もちろん、ある種の人々には成功者に見えているが、他の人々にはステップ・アウトした人にも見えている、ということは当然の前提である。

本書から「若き日の帝王学」が読みとれるかどうかは不明である。ただ自分が他の人々に比べて「変わっている」ことに悩んでいる人たちには、ある種の救いになるだろう。

隠そうとしても隠そうとしても、袋《ふくろ》から突き出してくる錐《きり》のような青春時代のほろ苦い思い出が、いつか完全に昇華《しょうか》される日が来ると信じたい。

二〇一四年　六月九日

幸福《こうふく》の科学《かがく》グループ創始者兼総裁《そうししゃけんそうさい》

幸福《こうふく》の科学学園《かがくがくえん》・幸福《こうふく》の科学大学創立者《かがくだいがくそうりつしゃ》　大川隆法《おおかわりゅうほう》

『青春マネジメント』大川隆法著作関連書籍

『勇気の法』（幸福の科学出版刊）
『青春に贈る』（同右）
『青春の原点』（同右）
『知的青春のすすめ』（同右）
『Ｔｈｉｎｋ Ｂｉｇ！』（同右）
『恋愛学・恋愛失敗学入門』（同右）
『比較宗教学から観た「幸福の科学」学・入門』（同右）
『ミラクル受験への道』（同右）
『大川総裁の読書力』（同右）
『公開霊言 スティーブ・ジョブズ 衝撃の復活』（同右）

『逆転の経営術』（同右）

青春《せいしゅん》マネジメント　──若き日の帝王学入門──

2014年 6 月20日　初版第 1 刷

著　者　　大《おお》川《かわ》隆《りゅう》法《ほう》

発行所　　幸福の科学出版株式会社

〒107-0052 東京都港区赤坂 2 丁目 10 番 14 号
TEL(03)5573-7700
http://www.irhpress.co.jp/

印刷・製本　株式会社 堀内印刷所

落丁・乱丁本はおとりかえいたします

ISBN978-4-86395-488-5 C0030
Photo: アフロ / 時事

元大蔵大臣・三塚博「政治家の使命」を語る

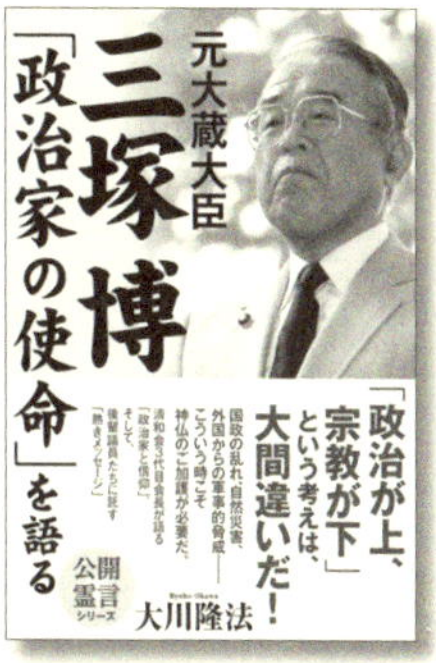

政治家は、国民の声、神仏の声に耳を傾けよ！ 自民党清和会元会長が天上界から語る「政治と信仰」、そして後輩議員たちへの熱きメッセージ。

1,400円

文部科学大臣・下村博文 守護霊インタビュー

大事なのは、財務省の予算、マスコミのムード!? 現職文科大臣の守護霊が語る衝撃の本音とは？ 崇教真光初代教え主・岡田光玉の霊言を同時収録。

1,400円

日蓮聖人「戦争と平和」を語る

集団的自衛権と日本の未来

「集団的自衛権」「憲法九条」をどう考えるか。日本がアジアに果たすべき「責任」とは？ 日蓮聖人の「戦争と平和」に関する現在の見解が明かされる。

1,400円

大川隆法 ベストセラーズ・「幸福の科学大学」が目指すもの

※幸福の科学大学（仮称）設置認可申請中

新しき大学の理念

「幸福の科学大学」がめざす
ニュー・フロンティア

※幸福の科学大学（仮称）設置認可申請中

2015年、開学予定の「幸福の科学大学」。日本の大学教育に新風を吹き込む「新時代の教育理念」とは？ 創立者・大川隆法が、そのビジョンを語る。

1,400円

「経営成功学」とは何か

百戦百勝の新しい経営学

経営者を育てない日本の経営学!? アメリカをダメにしたMBA——!? 幸福の科学大学(仮称・設置認可申請中)の「経営成功学」に託された経営哲学のニュー・フロンティアとは。

1,500円

「人間幸福学」とは何か

人類の幸福を探究する新学問

「人間の幸福」という観点から、あらゆる学問を再検証し、再構築する——。数千年の未来に向けて開かれていく学問の源流がここにある。

1,500円

「未来産業学」とは何か

未来文明の源流を創造する

新しい産業への挑戦——「ありえない」を、「ありうる」に変える！ 未来文明の源流となる分野を研究し、人類の進化とユートピア建設を目指す。

1,500円

幸福の科学出版
※幸福の科学大学（仮称）は設置認可申請中のため、構想内容は変更の可能性があります。

大川隆法ベストセラーズ・「幸福の科学大学」が目指すもの

※幸福の科学大学（仮称）設置認可申請中

「現行日本国憲法」をどう考えるべきか

天皇制、第九条、そして議院内閣制

憲法の嘘を放置して、解釈によって逃れることは続けるべきではない──。現行憲法の矛盾や問題点を指摘し、憲法のあるべき姿を考える。

1,500円

政治哲学の原点

「自由の創設」を目指して

政治は何のためにあるのか。真の「自由」、真の「平等」とは何か──。全体主義を防ぎ、国家を繁栄に導く「新たな政治哲学」が、ここに示される。

1,500円

経営の創造

新規事業を立ち上げるための要諦

才能の見極め方、新しい「事業の種」の探し方、圧倒的な差別化を図る方法など、深い人間学と実績に裏打ちされた「経営成功学」の具体論が語られる。

2,000円

法哲学入門

法の根源にあるもの

ヘーゲルの偉大さ、カントの功罪、そしてマルクスの問題点──。ソクラテスからアーレントまでを検証し、法哲学のあるべき姿を探究する。

1,500円

幸福の科学出版

※幸福の科学大学（仮称）は設置認可申請中のため、構想内容は変更の可能性があります。

大川隆法 ベストセラーズ・忍耐の時代を切り拓く

忍耐の法

「常識」を逆転させるために

人生のあらゆる苦難を乗り越え、夢や志を実現させる方法が、この一冊に──。混迷の現代を生きるすべての人に贈る待望の「法シリーズ」第20作！

2,000円

「正しき心の探究」の大切さ

靖国参拝批判、中・韓・米の歴史認識……。「真実の歴史観」と「神の正義」とは何かを示し、日本に立ちはだかる問題を解決する、2014年新春提言。

1,500円

自由の革命

日本の国家戦略と世界情勢のゆくえ

「集団的自衛権」は是か非か！？ 混迷する国際社会と予断を許さないアジア情勢。今、日本がとるべき国家戦略を緊急提言！

1,500円

※表示価格は本体価格（税別）です。

大川隆法ベストセラーズ・充実した青春を送るために

勇気の法

熱血 火の如くあれ

力強い言葉の数々が、心のなかの勇気を呼び起こし、未来を自らの手でつかみとる力が湧いてくる。挫折や人間関係に悩む人へ贈る情熱の書。

1,800円

青春の原点

されど、自助努力に生きよ

英語や数学などの学問をする本当の意味や、自分も相手も幸福になる恋愛の秘訣など、セルフ・ヘルプの精神で貫かれた「青春入門」。

1,400円

知的青春のすすめ

輝く未来へのヒント

夢を叶えるには、自分をどう磨けばよいのか？「行動力をつける工夫」「高学歴女性の生き方」など、Q＆Aスタイルで分かりやすく語り明かす。

1,500円

Noblesse《ノーブレス》 Oblige《オブリージ》 「高貴なる義務」を果たす、「真のエリート」を目指せ。

幸福の科学学園
中学校・高等学校（那須本校）

Happy Science Academy Junior and Senior High School

私は、
教育が人間を創ると
信じている一人である。
若い人たちに、
夢とロマンと、精進、
勇気の大切さを伝えたい。
この国を、全世界を、
ユートピアに変えていく力を
出してもらいたいのだ。

（幸福の科学学園 創立記念碑より）

幸福の科学学園 創立者
大川隆法

幸福の科学学園（那須本校）は、幸福の科学の教育理念のもとにつくられた、男女共学、全寮制の中学校・高等学校です。自由闊達な校風のもと、「高度な知性」と「徳育」を融合させ、社会に貢献するリーダーの養成を目指しており、2014年4月には開校四周年を迎えました。

幸福の科学学園・教育の特色

「徳ある英才」の創造

教科「宗教」で真理を学び、行事や部活動、寮を含めた学校生活全体で実修して、ノーブレス・オブリージ(高貴なる義務)を果たす「徳ある英才」を育てていきます。

体育祭

天分を伸ばす「創造性教育」

教科「探究創造」で、偉人学習に力を入れると共に、日本文化や国際コミュニケーションなどの教養教育を施すことで、各自が自分の使命・理想像を発見できるよう導きます。さらに高大連携教育で、知識のみならず、知識の応用能力も磨き、企業家精神も養成します。芸術面にも力を入れます。

探究創造科発表会

一人ひとりの進度に合わせた「きめ細やかな進学指導」

熱意溢れる上質の授業をベースに、一人ひとりの強みと弱みを分析して対策を立てます。強みを伸ばす「特別講習」や、弱点を分かるところまでさかのぼって克服する「補講」や「個別指導」で、第一志望に合格する進学指導を実現します。

授業の様子

自立心と友情を育てる「寮制」

寮は、真なる自立を促し、信じ合える仲間をつくる場です。親元を離れ、団体生活を送ることで、縦・横の関係を学び、力強い自立心と友情、社会性を養います。

毎朝夕のお祈りの時間

幸福の科学学園の進学指導

1 英数先行型授業

受験に大切な英語と数学を特に重視。「わかる」(解法理解)まで教え、「できる」(解法応用)、「点がとれる」(スピード訓練)まで繰り返し演習しながら、高校三年間の内容を高校二年までにマスター。高校二年からの文理別科目も余裕で仕上げられる効率的学習設計です。

2 習熟度別授業

英語・数学は、中学一年から習熟度別クラス編成による授業を実施。生徒のレベルに応じてきめ細やかに指導します。各教科ごとに作成された学習計画と、合格までのロードマップに基づいて、大学受験に向けた学力強化を図ります。

3 基礎力強化の補講と個別指導

基礎レベルの強化が必要な生徒には、放課後や夕食後の時間に、英数中心の補講を実施。特に数学においては、授業の中で行われる確認テストで合格に満たない場合は、できるまで徹底した補講を行います。さらに、カフェテリアなどでの質疑対応の形で個別指導も行います。

4 特別講習

夏期・冬期の休業中には、中学一年から高校二年まで、特別講習を実施。中学生は国・数・英の三教科を中心に、高校一年からは五教科でそれぞれ実力別に分けた講座を開講し、実力養成を図ります。高校二年からは、春期講習会も実施し、大学受験に向けて、より強化します。

5 幸福の科学大学(仮称・設置認可申請中)への進学

二〇一五年四月開学予定の幸福の科学大学への進学を目指す生徒を対象に、推薦制度を設ける予定です。留学用英語や専門基礎の先取りなど、社会で役立つ学問の基礎を指導します。

授業の様子

詳しい内容、パンフレット、募集要項のお申し込みは下記まで。

幸福の科学学園 関西中学校・高等学校

〒520-0248
滋賀県大津市仰木の里東2-16-1
TEL.077-573-7774
FAX.077-573-7775
[公式サイト]
www.kansai.happy-science.ac.jp
[お問い合わせ]
info-kansai@happy-science.ac.jp

幸福の科学学園 中学校・高等学校

〒329-3434
栃木県那須郡那須町梁瀬 487-1
TEL.0287-75-7777
FAX.0287-75-7779
[公式サイト]
www.happy-science.ac.jp
[お問い合わせ]
info-js@happy-science.ac.jp

仏法真理塾

サクセスNo.1

未来の菩薩を育て、仏国土ユートピアを目指す！

サクセスNo.1 東京本校（戸越精舎内）

仏法真理塾「サクセスNo.1」とは

宗教法人幸福の科学による信仰教育の機関です。信仰教育・徳育にウエイトを置きつつ、将来、社会人として活躍するための学力養成にも力を注いでいます。

「「サクセスNo.1」のねらいには、「仏法真理と子どもの教育面での成長とを一体化させる」ということが根本にあるのです。」

大川隆法総裁　御法話『「サクセスNo.1」の精神』より

仏法真理塾「サクセスNo.1」の教育について

信仰教育が育む健全な心

御法話拝聴や祈願、経典の学習会などを通して、仏の子としての「正しい心」を学びます。

学業修行で学力を伸ばす

忍耐力や集中力、克己心を磨き、努力によって道を拓く喜びを体得します。

法友との交流で友情を築く

塾生同士の交流も活発です。お互いに信仰の価値観を共有するなかで、深い友情が育まれます。

●サクセスNo.1は全国に、本校・拠点・支部校を展開しています。

東京本校
TEL.03-5750-0747　FAX.03-5750-0737

名古屋本校
TEL.052-930-6389　FAX.052-930-6390

大阪本校
TEL.06-6271-7787　FAX.06-6271-7831

京滋本校
TEL.075-694-1777　FAX.075-661-8864

神戸本校
TEL.078-381-6227　FAX.078-381-6228

西東京本校
TEL.042-643-0722　FAX.042-643-0723

札幌本校
TEL.011-768-7734　FAX.011-768-7738

福岡本校
TEL.092-732-7200　FAX.092-732-7110

宇都宮本校
TEL.028-611-4780　FAX.028-611-4781

高松本校
TEL.087-811-2775　FAX.087-821-9177

沖縄本校
TEL.098-917-0472　FAX.098-917-0473

広島拠点
TEL.090-4913-7771　FAX.082-533-7733

岡山本校
TEL.086-207-2070　FAX.086-207-2033

北陸拠点
TEL.080-3460-3754　FAX.076-464-1341

大宮拠点
TEL.048-778-9047　FAX.048-778-9047

全国支部校のお問い合わせは、
サクセスNo.1 東京本校（TEL. 03-5750-0747）まで。
メール info@success.irh.jp

エンゼルプランV

信仰教育をベースに、知育や創造活動も行っています。

信仰に基づいて、幼児の心を豊かに育む情操教育を行っています。また、知育や創造活動を通して、ひとりひとりの子どもの個性を大切に伸ばします。お母さんたちの心の交流の場ともなっています。

TEL 03-5750-0757　FAX 03-5750-0767
メール angel-plan-v@kofuku-no-kagaku.or.jp

ネバー・マインド

不登校の子どもたちを支援するスクール。

「ネバー・マインド」とは、幸福の科学グループの不登校児支援スクールです。「信仰教育」と「学業支援」「体力増強」を柱に、合宿をはじめとするさまざまなプログラムで、再登校へのチャレンジと、進路先の受験対策指導、生活リズムの改善、心の通う仲間づくりを応援します。

TEL 03-5750-1741　FAX 03-5750-0734
メール nevermind@happy-science.org

ユー・アー・エンゼル!(あなたは天使!)運動

障害児の不安や悩みに取り組み、ご両親を励まし、勇気づける、障害児支援のボランティア運動です。学生や経験豊富なボランティアを中心に、全国各地で、障害児向けの信仰教育を行っています。保護者向けには、交流会や、医療者・特別支援教育者による勉強会、メール相談を行っています。

TEL 03-5750-1741　FAX 03-5750-0734
メール you-are-angel@happy-science.org

シニア・プラン21

生涯反省で人生を再生・新生し、希望に満ちた生涯現役人生を生きる仏法真理道場です。週1回、開催される研修には、年齢を問わず、多くの方が参加しています。現在、全国8カ所(東京、名古屋、大阪、福岡、新潟、仙台、札幌、千葉)で開校中です。

東京校 TEL 03-6384-0778　FAX 03-6384-0779
メール senior-plan@kofuku-no-kagaku.or.jp

入会のご案内

あなたも、幸福の科学に集い、ほんとうの幸福を見つけてみませんか？

幸福の科学では、大川隆法総裁が説く仏法真理をもとに、「どうすれば幸福になれるのか、また、他の人を幸福にできるのか」を学び、実践しています。

入会

大川隆法総裁の教えを信じ、学ぼうとする方なら、どなたでも入会できます。入会された方には、『入会版「正心法語」』が授与されます。（入会の奉納は1,000円目安です）

ネットでも**入会**できます。詳しくは、下記URLへ。
happy-science.jp/joinus

三帰《さんき》誓願《せいがん》

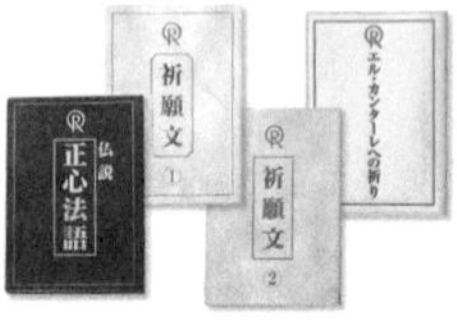

仏弟子としてさらに信仰を深めたい方は、仏・法・僧の三宝への帰依を誓う「三帰誓願式」を受けることができます。三帰誓願者には、『仏説・正心法語』『祈願文①』『祈願文②』『エル・カンターレへの祈り』が授与されます。

植福《しょくふく》の会

植福は、ユートピア建設のために、自分の富を差し出す尊い布施の行為です。布施の機会として、毎月1口1,000円からお申込みいただける、「植福の会」がございます。

「植福の会」に参加された方のうちご希望の方には、幸福の科学の小冊子（毎月1回）をお送りいたします。詳しくは、下記の電話番号までお問い合わせください。

月刊「幸福の科学」

ザ・伝道

ヤング・ブッダ

ヘルメス・エンゼルズ

INFORMATION	幸福の科学サービスセンター TEL. 03-5793-1727（受付時間 火～金：10～20時／土・日：10～18時） 宗教法人 幸福の科学 公式サイト happy-science.jp